ASPECTS ÉCOCRITIQUES DE L'IMAGINAIRE AFRICAIN

Sous la direction de
Etienne-Marie Lassi

Langaa Research & Publishing CIG
Mankon, Bamenda

Publisher:
Langaa RPCIG
Langaa Research & Publishing Common Initiative Group
P.O. Box 902 Mankon
Bamenda
North West Region
Cameroon
Langaagrp@gmail.com
www.langaa-rpcig.net

Distributed in and outside N. America by African Books Collective
orders@africanbookscollective.com
www.africanbookcollective.com

ISBN: 9956-791-25-3

© Etienne-Marie Lassi 2013

DISCLAIMER
All views expressed in this publication are those of the author and do not necessarily reflect the views of Langaa RPCIG.

Notes sur les contributeurs

Maurice Amuri Mpala-Lutebele est Docteur en Langue et Littérature françaises et Professeur Ordinaire à l'Université de Lubumbashi (République démocratique du Congo). Il enseigne la littérature négro-africaine de forme poétique à l'Institut Supérieur Pédagogique de Lubumbashi, la littérature congolaise de langue française (forme poétique), la stylistique du français et les méthodes de critiques littéraires contemporaines à l'Université de Lubumbashi. Il est cofondateur du Centre d'Études Littéraires et de Traitement de Manuscrits (CELTRAM) de Lubumbashi, membre Associé du Centre « Écritures » de l'Université Paul Verlaine de Metz et membre fondateur du Collectif « Littératures au Sud ». Ses recherches portent essentiellement sur les littératures africaines francophones. Signalons parmi ses plus récentes publications :

- *Littératures africaines francophones du XXème siècle : une dynamique de décolonisation bradée*, Lubumbashi, Presses Universitaires de Lubumbashi, 2005, 158 pages.

- *Bilan et Tendances de la littérature négro-africaine*, (sous la direction de), Actes du colloque international de Lubumbashi, 26-28 janvier 2005, Lubumbashi, Presses Universitaires de Lubumbashi, 2006, 391 pages.

- *Testament de Tchicaya U Tam'Si*, Paris, l'Harmattan, 2008, 257 pages.

- *Le français et la littérature de langue française en contexte multilingue congolais : structure et méthodologies d'enseignement*, (en collaboration), Paris, l'Harmattan, 2009, 160 pages.

- *Littératures au Sud*, (en collaboration), Paris, Editions des archives contemporaines, 2009, 254 pages.

- *Université et stratégies de développement* (textes réunis par), Actes des Journées scientifiques du Centre Universitaire du Moyen Lualaba de Kalima, 27-29 mai 2009, Huy, Editions du Pangolin, 2010, 148 pages.

- *Aura d'une écriture. Hommage à Georges Ngal* (dir.), Paris, l'Harmattan, 2011.

Anne Cirella-Urrutia a obtenu un doctorat en littérature comparée à l'Université du Texas à Austin en 1998. De nombreux articles rédigés en anglais et en français autour du théâtre de l'absurde et de la littérature de jeunesse ont paru dans des revues internationales dont *Bookbird*, *Les Cahiers Robinson*, *Examplaria*, *Dialogues et Cultures*, *Children's Literature Association Quarterly Journal*, *Mondes francophones*, *Communication Interculturelle et Littérature*, *Dialogues et Cultures*, *Mots pluriels*, *REDEN*, *JAST*. Plusieurs de ses recensions ont paru dans *The Comparatist* et *ImageText: Interdisciplinary Comics Studies*, *The French Review* et *Journal of Graphic Novels and Comics* (à paraitre). Elle enseigne le français à Huston-Tillotson University depuis 2001 en tant que professeur de français adjoint.

Contact : Huston-Tillotson University, Austin, TX, Humanities & Fine Arts, 900 Chicon Street Austin, TX 78702 USA. Email : avcurrutia@htu.edu

Christophe Cosker est Certifié de Lettres Modernes et bi-admissible au concours de l'Agrégation. Il vient d'être recruté à l'Université de Mayotte, après avoir enseigné au collège Bouéni M'Titi à Mayotte. Ses principaux travaux de recherches portent sur le thème du corps en littérature : « Salomé ou la naissance du *strip-tease* » (*in O'Scholars*, Automne 2012), « La Vaporisation du corps amoureux dans *Le Sylphe* de Crébillon fils » (*in Nouvelle revue d'esthétique*. n°10, « Corps amoureux », Paris, PUF, 2012) et « L'Œil du peintre et celui de l'amant » (*in Studii si Cercetari Filologice. Seria limbi romanice*. N°12, « Le corps littéraire », Editura Universitatii din Pitesti, 2012). Un article intitulé « Mayotte : une île au cœur de la littérature africaine » est à paraître dans le numéro 12 de la revue « Écriture » de l'Université de Yaoundé I, numéro consacré aux enjeux et perspectives de la critique face au texte littéraire africain.

Email : christophe.cosker@free.fr

Charles Kouma Yaovi Mensah est titulaire d'un doctorat en Lettres Modernes, avec une thèse sur « les formes baroques de l'espace et du temps dans la fiction romanesque de Sony Labou Tansi » soutenue à l'Université de Lomé (Togo) en 2010, ainsi que d'un master en FLE

(Français Langue Etrangère) obtenu à l'Université Stendhal Grenoble 3 en 2009. Ses recherches portent sur les rapports entre les littératures francophones africaines et leurs environnements linguistiques (les marques transcodiques), politiques et écologiques. Il est actuellement professeur de français au Lycée Paul EMANE EYEGHE à Libreville (Gabon). Email : amurcle33@gmail.com

Étienne-Marie Lassi est diplômé de l'École normale supérieure de Yaoundé (Cameroun) et titulaire d'un doctorat en lettres françaises de l'Université d'Ottawa (Canada). Professeur adjoint au département de français, espagnol et italien de l'Université du Manitoba, il s'intéresse aux littératures francophones et à l'interaction entre la littérature et le cinéma. Il a notamment publié des articles sur l'adaptation filmique, sur le roman francophone et sur le cinéma francophone dans les revues *Tangence, International Journal of Francophone Studies, Nouvelles Études Francophones, Présence Francophone, Revue de l'Université de Moncton, Critical Interventions, French Forum*… Ses travaux en cours, subventionnés par le Conseil des Recherches en Sciences Humaines du Canada (CRSH), portent sur les discours environnementaux dans le roman francophone en Afrique centrale.

Contact : Department of French, Spanish & Italian, University of Manitoba, 415 Fletcher Argue Building, Winnipeg, MB, Canada, R3T 5V5.

Email: etienne-marie.lassi@ad.umanitoba.ca

Hervé Tchumkam enseigne au département de World Literatures de la Southern Methodist University où il est par ailleurs Associate of the John G. Tower Center for Political Studies. Outre des contributions à plusieurs ouvrages collectifs, ses articles récents sont parus dans *Expressions maghrébines, Présence Africaine, Présence Francophone et Research in African Literatures*. Il a également coordonné un dossier spécial de la revue *Présence Francophone,* intitulé « La France face à ses banlieues » (2013). Il travaille actuellement sur la relation entre le pouvoir souverain, la violence et les identités postcoloniales dans les banlieues françaises. Ses domaines de recherches comprennent les littératures d'Afrique et du monde francophone, la théorie de la littérature, la France postcoloniale, et la philosophie politique.

Contact : Department of Foreign Languages and Literatures, Dedman College of Humanities and Sciences, Southern Methodist University, 3200 Dyer Street, 309 Clements Hall, Dallas, Texas 75275.
Email : htchumkam@smu.edu

Jean Marie WOUNFA est enseignant de littérature africaine au Département de Français à la Faculté des Arts, Lettres et Sciences Humaines de l'Université de Ngaoundéré au Cameroun. Il est auteur d'une Thèse de Doctorat/PhD portant sur les intitulés des romans camerounais francophones. En sus de la titrologie romanesque, il s'intéresse à la littérature écologique puisqu'il a publié dans les *Annales de la Faculté des Arts, Lettres et sciences Humaines* de l'Université de Ngaoundéré un essai d'écopoétique focalisé sur l'œuvre de Joseph Charles Doumba intitulée *Monsieur le Maire*.

Contact : Département de français, Faculté des Arts, Lettres et Sciences Humaines, Université de Ngaoundéré, BP 454 Ngaoundéré – Cameroun. Email : wounfa@yahoo.com

Sommaire

1. Introduction. De l'engagement sociopolitique à la conscience écologique : les enjeux environnementaux dans la critique postcoloniale
Étienne-Marie Lassi.. 1

2. Le sentiment de la nature chez Abdou Salam Baco. Vers une autobiographie naturelle
Christophe Cosker.. 19

3. Espace diégétique, facteur de significations de la fiction romanesque de Sony Labou Tansi
Charles Yaovi Mensah Kouma.................................. 45

4. Littérature orale et questions environnementales en Afrique subsaharienne. Cas du *Mutanga* chez les *Lega* de la République Démocratique du Congo
Maurice Amuri Mpala-Lutebele.................................. 73

5. Migrations, environnement et *mimesis* africaine chez Zakes Mda
Hervé Tchumkam.. 95

6. Lecture écocritique des paysages de l'enfance dans les albums illustrés de Dominique Mwankumi
Anne Cirella-Urrutia.. 117

7. Nature et écologisme dans les romans camerounais francophones. Les cas de *Les fiancés* du grand fleuve de Samuel Mvolo, *Manemba ou les souvenirs d'un enfant de brousse* de Joseph Marie Essomba et *L'a-fric* de Jacques Fame Ndongo
Jean Marie Wounfa.. 145

8. La nature ré-enchantée de Bessora : la pétro-critique par les mythes dans *Petroleum*
Étienne-Marie Lassi... **169**

1

Introduction: De l'engagement sociopolitique à la conscience écologique: les enjeux environnementaux dans la critique postcoloniale

Étienne-Marie Lassi
University of Manitoba

Dans *Les racines du ciel*, un roman dont l'action, située au Nord Cameroun pendant la colonisation, est sous-tendue par la confrontation des idéologies colonialistes, des velléités indépendantistes des autochtones et des idéaux environnementalistes d'un Français nommé Morel, Romain Gary fait dire à un de ses personnages :

> Pour l'homme blanc, l'éléphant avait été pendant longtemps uniquement de l'ivoire et pour l'homme noir, il était uniquement de la viande, la plus abondante quantité de viande qu'un coup heureux de sagaie empoisonnée pût lui procurer. L'idée de la « beauté » de l'éléphant, de la « noblesse » de l'éléphant, c'était une idée d'homme rassasié, [...] une vue de l'esprit élitiste qui se réfugie, devant les réalités sociales hideuses auxquelles elle est incapable de faire face, dans les nuages élevés de la beauté, et s'enivre des notions crépusculaires et vagues du « beau », du « noble », du « fraternel », simplement parce que l'attitude purement poétique est la seule que l'histoire lui permette d'adopter[1].

Cet extrait résume parfaitement le risque de s'enfermer dans des oppositions binaires que court le critique tenté de rapprocher les

---

[1] Romain Gary, *Les racines du ciel*, Paris, Gallimard, 1956, p. 354.

théories écocritiques et la pensée postcoloniale. Travaillé par des lieux communs sur l'ordre (post)colonial et la protection de l'environnement, l'extrait de Gary présente l'engagement écologique comme un acte de pénitence par lequel l'Occident, repu, prend tardivement conscience des dégâts irréparables que son confort matériel a coûtés à l'environnement. Cet engagement semble d'autant plus hypocrite qu'il fonctionne comme une conduite d'évitement permettant à l'Occident de se dérober face à l'angoisse crépusculaire qui l'assaillit, la protection des espèces menacées n'étant qu'une manière détournée d'affronter l'anxiété qu'inspire la menace pesant sur sa propre civilisation. Sont ainsi résumées les idées reçues, clairement réfutées par Graham Huggan et Helen Tiffin dans leur essai sur l'écocritique postcoloniale, qui peignent l'écologiste en homme blanc adulte et citoyen du premier monde[2].

Parallèlement, le texte de Gary insinue que les pauvres des régions dites sous-développées ou du tiers-monde, accaparés par les problèmes de la survie au quotidien et des injustices socioéconomiques, seraient incapables de militer pour la protection de l'environnement, à moins que ce ne soit pour accuser l'Occident de surexploiter les ressources naturelles et de polluer l'environnement. Ce préjugé en cache un autre, à savoir que les sociétés précoloniales étaient dépourvues de toute conscience écologique. Du reste, un administrateur colonial affirme dans ce roman qu'enseigner la préservation de la nature aux indigènes revient à les monter contre la civilisation occidentale dont le développement industriel est responsable des destructions causées à la nature. Faut-il conclure, étant donné les intérêts pour le moins divergents des puissances occidentales, promotrices des thèses écologistes, et des pays anciennement colonisés, aux prises avec des iniquités socioéconomiques tant au niveau local qu'à l'échelle globale, que les enjeux de développement humain et ceux de la conservation de l'environnement sont inconciliables? Voilà la question à laquelle les

---

[2] Graham Huggan et Helen Tiffin, *Postcolonial Ecocriticism. Literature, Animals, Environment*, London, Routledge, 2010, p. 3.

essais réunis dans le présent ouvrage tenteront de répondre en s'appuyant sur un éventail d'œuvres littéraires africaines, analysées à la lumière des théories postcoloniales et écocritiques ainsi que d'autres approches multidisciplinaires.

Transposée dans le champ littéraire, en effet, les questions du développement humain et de la protection de l'environnement révèlent un rapport pluridimensionnel entre les lettres et l'écologie ainsi qu'une multitude d'approches critiques dont la pertinence varie en fonction des prédispositions sociales, culturelles ou idéologiques des théoriciens de la littérature. Par exemple, Glen A. Love pense l'approche écologique de la littérature par comparaison avec les études des genres et des minorités et plaide pour une revalorisation de l'environnement dans les études littéraires. Si les questions des droits des minorités et de l'émancipation des femmes, mises en lumière par de nombreuses crises sociales, ont permis l'élaboration de théories et de pratiques littéraires légitimées dans les départements universitaires de lettres à travers la formation et l'embauche de spécialistes, Love est quelque peu déçu qu'on n'aboutisse pas au même résultat à la suite de la crise écologique qui frappe si durement le monde. Pour lui, les questions environnementales, abordées par le biais d'autres enjeux tels que les études régionales ou les études interdisciplinaires, montrent clairement que l'écologie reste une problématique secondaire en littérature. Pour inverser la tendance, Love soutient que le péril écologique est comparable aux iniquités sociales qui menacent le bien-être des hommes et devrait, par conséquent, occuper une place centrale dans la réflexion littéraire[3].

Le corollaire épistémologique de cette posture serait qu'on passe d'une conception anthropocentrique à une vision écocentrique de la littérature qui devrait se traduire dans la pratique par la reprise de la tradition pastorale. Cependant il ne s'agira pas de revigorer le mythe de la perfection de la nature qui inscrit dans une opposition binaire la société humaine, complexe et malfaisante, et l'environnement non

---

[3] Glen A. Love, « Revaluing Nature. Toward an Ecological Criticism », *The Ecocritical Reader. Landmarks in Literary Ecology*, Cheryll Glotfelty & Harold Fromm (dir.), Athens, The University of Georgia Press, 1996, p. 225-40.

humain, simple, pur et apaisant, où les humains, éreintés par le chaos social se retirent afin de se reconstruire. La nouvelle tradition pastorale viserait plutôt à souligner l'interdépendance entre l'humain et le non humain, à remplacer l'égocentrisme par l'écocentrisme dans la pratique littéraire, de sorte que l'urgence ne soit plus de configurer l'environnement pour l'adapter aux besoins de l'homme, mais, au contraire, d'inciter l'homme à mener une existence conforme aux exigences de l'environnement. On a l'impression que Love appréhende l'engagement écologique surtout sous l'angle de la préservation de l'environnement naturel, une approche qui perçoit la protection des espèces et des espaces naturels comme une fin en soi. Il apporte ainsi une certaine caution aux stéréotypes qui peignent l'écologiste en citoyen occidental riche, puisqu'il se situe à l'antipode des courants qu'on qualifie d'« écologie des pauvres » et qui articulent l'engagement écologique et l'engagement social dans un même mouvement.

Conçu avant tout comme habitat et pourvoyeur des ressources vitales, l'environnement n'est un enjeu capital qu'autant qu'il est indispensable à l'épanouissement social, culturel, psychologique et économique des populations locales. Tout en reconnaissant que l'homme peut avoir un effet destructif sur l'environnement, les tenants de l'écologie des pauvres s'abstiennent de ne considérer l'humain que comme une menace et envisagent l'engagement écologique à la fois comme protection de l'environnement et promotion de l'accès équitables et durables aux ressources qu'il génère[4]. Comment situer dans ce débat les littératures postcoloniales, sachant qu'elles explorent en priorité les rapports de pouvoir et la relation entre le local et le global ?

À partir d'une lecture écocritique de la littérature caribéenne, Elizabeth DeLoughrey, Renée Gosson et George Handley relèvent quelques problématiques écologiques susceptibles de trouver un écho

---

[4] voir à ce sujet Narain, Sunita Boyce, James K. Stanton, Elizabeth A., « Introduction », *Reclaiming Nature : Environmental Justice and Ecological Restoration*, Narain, Sunita Boyce, James K. Stanton, Elizabeth A. (dir.), London, Anthem Press, 2007, p. 3.

dans la littérature postcoloniale, notamment les effets environnementaux de la colonisation, la remise en question des mythes coloniaux du jardin d'Éden ainsi que la relation entre les interactions biotiques, c'est-à-dire l'ensemble des interactions du vivant sur le vivant dans un écosystème, et le processus de créolisation culturelle. Il apparaît clairement que ces auteurs s'intéressent surtout aux représentations littéraires des écosystèmes caribéens, en partant du principe que même si la nature existe indépendamment de la culture, c'est la culture qui confère un statut et une signification à la nature. S'appuyant alors sur la conception de la nature comme témoin muet de l'Histoire et bibliothèque de la mémoire collective proposée par Edouard Glissant[5] et Beverly Ormerod[6], ils soutiennent que la portée littéraire des représentations de la géographie caribéenne est déterminée par les violences politiques, économiques et raciales qui ont marqué l'histoire de cette région. Par conséquent, l'opposition binaire qui permet à la critique nord-américaine de définir les écosystèmes naturels en les distinguant des paysages occupés et modifiés par le travail humain perd toute pertinence, dans la mesure où de tels espaces – les montagnes et les mangroves par exemple – servaient de refuge contre l'adversité de l'univers des plantations et acquéraient de ce fait une signification culturelle. Parler de l'environnement revient donc à parler des exactions de la colonisation et de l'esclavage et la géographie se présente comme une métaphore de l'histoire[7].

Elizabeth DeLoughrey, Renée Gosson et George Handley notent par ailleurs qu'il est difficile de décrire l'environnement dans un contexte postcolonial sans tenir compte de son rapport avec le pouvoir. Du reste, les interrogations sur le mode d'appropriation et

---

[5] Edouard Glissant, *Le discours antillais*, Paris, Seuil, 1981, p. 177

[6] Beverly Ormerod, « French West Indian writing since 1970 » in Richard Burton and Fred Reno (dir.), *French and West Indian*, London, Macmillan, 1995, p. 170.

[7] Elizabeth DeLoughrey, Renée Gosson et George Handley, "Introduction", *Caribbean Literature and the environment: between nature and culture*, Elizabeth DeLoughrey, Renée Gosson et George Handley (dir.), Charlottesville, University of Virginia Press, 2005, p. 3.

d'investissement de l'environnement montrent que l'étendue, la forme et la mise en valeur du territoire résultent du rapport de force inégal entre les colonisés et le colonisateur[8]. Abondant dans le même sens, Graham Huggan et Helen Tiffin soutiennent que l'anthropocentrisme, qui définit l'humain en l'opposant au non-humain et la culture par contraste avec la nature, est inséparable de l'eurocentrisme dans les idéologies coloniales. L'occupation de l'espace du colonisé, désignée par le terme d'impérialisme environnemental, s'accompagne de discours de naturalisation des premiers occupants. Aux yeux des colonisateurs, l'espace du colonisé est à prendre parce que, n'étant pas mis en valeur selon les normes de l'Occident, il est considéré comme naturel ou sauvage. En conséquence, le discours sur l'environnement dénie les cultures autochtones et ravale au rang d'êtres naturels ou de sauvages les indigènes qui définissent différemment leur rapport à l'environnement[9]. Étant donné que l'environnement est en même temps l'objet des conquêtes coloniales et un paramètre essentiel de l'idéologie de la domination, l'esthétique de l'environnement est comprise par de nombreux critiques postcoloniaux comme la réplique artistique du colonisé aux colonisateurs. Citant Edward Saïd, qui affirme que le territoire se reconquiert d'abord par l'imagination, Elizabeth Deloughrey et George Handley relèvent que les auteurs postcoloniaux recréent l'espace réel en fonction de leurs sentiments du passé et du présent dans le but ultime d'affiner leur sentiment d'appartenance géographique et d'affirmer leur identité. Ils en déduisent que l'esthétique postcoloniale de l'environnement consiste donc en la manière dont un auteur construit ce sentiment d'appartenance géographique[10].

Bien que ces auteurs s'appuient en grande partie sur la littérature des Caraïbes, leur description de l'esthétique postcoloniale de

---

[8] *Ibid.*, p.4
[9] Graham Huggan & Helen Tiffin, *Postcolonial Ecocriticism*, *op. cit.*, p. 5.
[10] Elizabeth DeLoughrey & George Handley, « Introduction », *Postcolonial Ecologies. Literatures of the Environment*, Elizabeth DeLoughrey & George Handley (dir.), Oxford, Oxford University Press, 2011, p. 13.

l'environnement se transpose aisément aux littératures africaines. En effet, de nombreux romans africains se servent des questions environnementales pour articuler des préoccupations d'ordre psychologique, politique, économique ou social qui caractérisent l'univers postcolonial. Par exemple, la sécheresse et la désertification en Afrique Sahélienne sont mises en récit dans *Le jeune homme de sable* de Williams Sassine[11] et dans *L'archer bassari* de Mobibo Sounkalo Keita[12] seulement comme une toile de fond sur laquelle se déploient les impérities de la bourgeoisie postcoloniale, corrompue et improductive. Dans le roman de Sassine, les éléments naturels renvoient toujours à l'humain, par le jeu de la métaphore. La sécheresse et le désert, qui ensevelissent les villes et les populations sous de fréquentes tempêtes de sable, représentent la stérilité d'un régime socialiste qui, incapable d'offrir à ses sujets le bien-être promis au moment de l'indépendance, recourt à la dictature pour imposer l'ordre. Mais le sable, associé à la jeunesse révoltée du roman, représente aussi l'endurance et la permanence. L'instabilité environnementale reproduit donc la crise sociopolitique, chaque facteur écologique important du roman pouvant se lire comme l'image métaphorique d'un acteur politique majeur. Dans *L'archer bassari*, la sécheresse fonctionne comme un prétexte pour aborder la question de l'aide humanitaire. La sécheresse, dont il n'est question ni des causes ni de moyens pour y faire face, justifie l'afflux d'une importante aide internationale dans le pays sahélien décrit dans le roman. Mais cette aide est détournée et revendue aux plus offrants par l'élite urbaine, au détriment des paysans à qui elle est destinée. Le narrateur peut ainsi soulever l'épineuse question de la corruption des régimes postcoloniaux et dénoncer l'inefficacité de l'aide internationale. Non seulement elle ne parvient pas aux populations effectivement frappées par les calamités, mais encore elle les aliène davantage en leur servant des denrées inconnues au lieu de leur apporter le soutien technique qu'elles réclament pour s'adapter aux

---

[11] Williams Sassine, *Le jeune homme de sable*, Paris, Présence africaine, 1979.
[12] Modibo Sounkalo Keita, *L'archer bassari*, Paris, Karthala, 1984.

mutations de leur milieu géographique. Dans les deux romans, l'impuissance des pouvoirs publics face aux crises écologiques traduit aussi l'échec des pouvoirs postcoloniaux à se réapproprier de manière imaginative le territoire libéré par le colonisateur et à le mettre en valeur au profit de la population entière.

C'est donc d'abord comme métaphore littéraire et miroir de la société que l'environnement intervient dans la fiction en Afrique, et quelques contributions de cet ouvrage le montrent bien. Dans son analyse du « sentiment de la nature » dans *Brûlante est ma terre* d'Abdou Salam Baco, un écrivain originaire de Mayotte, Christophe Cosker met en parallèle la violence des éléments naturels (les tempêtes, les pluies, les rivières en crue…) et la violence sociale dont les principaux foyers sont l'école et la ville. Ces deux formes de violence concourent à l'édification de la personnalité du personnage central dont l'itinéraire amène Cosker à lire le texte de Baco à la fois comme un roman de formation et un récit autobiographique. Dans cette perspective, l'environnement naturel devient le reflet du personnage car « l'identité et l'emplacement sont reliés », de sorte que « le spectacle de la nature livre à l'enfant l'intuition de sa force future, une force liée au sol sous le double aspect de cet endroit naturel qu'est la brousse et de cette 'terre… brûlante' qui renvoie au caractère de l'auteur ». L'opposition binaire entre la brousse, à laquelle le personnage principal s'identifie, et la ville, symbole de la culture occidentale, s'interprète aussi comme une représentation spatiale du conflit culturel qui oppose les autochtones de l'île à la France métropolitaine. Yoavi Mensah étudie les romans du Congolais Sony Labou Tansi sous un prisme similaire. Après avoir montré les relations d'équivalence possibles entre personnages corrompus et environnements dégradés, Yoavi Mensah note que l'environnement est un personnage à part entière chez Sony Labou Tansi et qu'il permet de saisir la gravité de la violence postcoloniale. Les conflits et les affrontements meurtriers que le romancier congolais décrit affectent l'homme au premier chef, certes, mais ils débouchent aussi sur la souillure et « une destruction environnementale quasi nihiliste ». Yoavi Mensah en conclut que chez Labou Tansi, « la nature est sensible aux crimes crapuleux, aux meurtres [...] et ne manque pas de le signifier à l'homme ou de l'avertir des dangers, des désastres qui le guettent ». Les catastrophes naturelles, si nombreuses dans les romans de Labou Tansi, se lisent alors comme une réplique des calamités humaines causées par le pouvoir postcolonial.

L'environnement est ensuite perçu dans certaines contributions comme une catégorie esthétique qui vise des sensibilités précises chez le lecteur et dont l'inscription dans l'œuvre implique une approche pragmatique des codes linguistiques et des canons littéraires. C'est ainsi que Jean-Marie Wounfa décèle dans les romans d'Afrique francophone une sorte d'inconscient collectif, comparable à ce que Lawrence Buell nomme « inconscient environnemental »[13], qui y surdétermine la représentation de la nature. Dans son étude sur « la nature et l'écologisme » dans les romans camerounais d'expression française, Wounfa met en lumière une poétique de la nature typique des régions forestières d'Afrique centrale. Il s'agit d'une poétique marquée par l'usage de termes concrets pour désigner la faune et la flore, par un langage imagé dont les procédés hypocoristiques invitent à l'exaltation des écosystèmes naturels et par le choix de titres idéologiquement chargés qui célèbrent la vie rurale en l'opposant à la vie urbaine. Ce style imagé, qui recourt au symbolique pour décrire la nature et les pratiques sociales en Afrique équatoriale, est aussi présent chez Bessora et dans la littérature orale de la RDC ainsi que Maurice Amuri Mpala-Lutebele et moi-même le montrons dans nos contributions respectives. Je montre l'importance de la personnification de la nature dans *Petroleum* de Bessora en soutenant que cette figure de style ajoute une dimension émotionnelle aux arguments scientifiques du discours pétro-critique que ce roman développe tandis que Mpala-Lutebele démontre comment le processus de symbolisation du *Mutanga*, un dispositif éducatif confectionné à partir d'éléments divers prélevés dans la nature, aide les jeunes à connaître et à aimer leur écosystème. Si l'esthétisation de

---

[13] Lawrence Buell, *The Future of Environmental Criticism. Environmental Crisis and Literary Imagination*, Malden, Blackwell Publishing, 2005, p. 44.

la nature dans le *Mutanga* s'inscrit dans la continuité d'une tradition des *Lega*, un peuple autochtone d'Afrique, et détermine les caractéristiques formelles ainsi que les fonctions sociales de ce genre oral originaire du terroir africain, elle permet en même temps aux écrivains europhones d'imprimer des marques culturelles et géographiques locales particulières à des genres littéraires universels.

Anne Cirella-Urritia montre d'ailleurs comment Dominique Mwankumi, un artiste d'origine congolaise, se sert des paysages congolais pour imprégner ses albums illustrés de la culture africaine. Avec cette stratégie, le genre littéraire de jeunesse s'enrichit d'un discours écologique d'une part et, d'autre part, présente aux lecteurs occidentaux de Mwankumi d'autres cultures et modèles que ceux auxquels ils sont habitués.

Au vu de ce qui précède, on pourrait conclure que la question écologique s'inscrit dans le discours postcolonial comme un prétexte ou un argument permettant d'instruire le procès des oppresseurs du peuple, le péril environnemental y étant reconstitué à dessein pour être le reflet d'une réalité sociale oppressante. Il s'agirait donc principalement d'un discours anthropocentrique, qui n'aborde pas frontalement la question de la protection des espaces et des espèces menacés, mais qui insiste lourdement sur le clivage entre les riches et les pauvres. Il importe cependant de s'interroger sur la possibilité d'intégrer le discours écologique à la critique postcoloniale sans raviver les oppositions binaires entre pauvres et riches, colonisés et colonisateurs, premier monde et tiers-monde. Autrement dit, comment incorporer les questions de la réappropriation de l'environnement, de l'identité et de l'accès équitable aux ressources environnementales des sujets postcoloniaux aux préoccupations écologiques objectives, scientifiquement attestées, qui exigent des solutions globales?

Hervé Tchumkam propose, en guise de réponse à cette question, la *mimesis* africaine, une expression qu'il emprunte à Achille Mbembe et qui traduit l'aptitude du sujet africain postcolonial à se situer par rapport à son passé et à son futur, de manière à s'ouvrir aux autres cultures sans se laisser subjuguer. Dans son article sur les migrations, l'environnement et la *mimesis* africaine dans *The heart of redness* du Sud-africain Zakes Mda, Tchumkam soutient que la *mimesis* africaine apporte une perspective locale au concept de développement, à savoir que même si le développement économique et structural est une nécessité, l'Afrique devrait refuser le diktat occidental, renoncer au mimétisme irréfléchi, c'est-à-dire à l'acceptation inconditionnelle de valeurs étrangères qui sont parfois superflues pour l'Africain, et sauvegarder les valeurs locales, dont celles relatives à la protection l'environnement. La *mimesis* africaine rend possible la participation à « l'éthique universelle » puisqu'elle permet de dépolariser « l'imaginaire des questions de race ou de rapport explicite à la mondialisation pour cependant poser la même question à partir d'une réflexion sur 'l'ordinaire' » ou, en d'autres termes, sur les pratiques quotidiennes locales des sociétés africaines. Tchumkam s'inscrit ainsi dans le sillage de Michel Serres qui propose une solution similaire aux crises écologiques globales en soutenant que toute action efficace sur l'écologie mondiale doit s'ancrer dans une culture locale, dans la mesure où la nature réagit globalement aux actions locales tandis que les mesures dites globales, décidées à partir des données et autres chiffres estimés en laboratoire risquent de manquer de prise sur la réalité[14]. C'est le lieu de rappeler, avec Frantz Fanon, que la conscience écologique est inséparable de l'identité en Afrique, qu'elle précède donc la colonisation et qu'elle occupe une place prépondérante dans la (re)constitution de la conscience nationale. Comparant l'Occident, qui asservit le monde à travers une relation d'appropriation, et l'Afrique Fanon écrit :

[…] au-dessus du monde objectif des terres et des bananiers ou hévéas, j'avais délicatement institué le véritable monde. L'essence du monde était mon bien. Entre le monde et moi s'établissait un rapport de co-existence. J'avais retrouvé l'Un primordial[15].

---

[14] Michel Serres, *Le contrat naturel*, Paris, Flammarion, 1992, p. 78
[15] Frantz Fanon, *Peau noire, masques blancs*, Paris, Seuil, 1952, p. 103.

L'effet principal de la colonisation est la désacralisation de ce lien de consanguinité que le colonisé établit entre le monde et lui-même, ce qui, pour Fanon, fait de la réappropriation de l'environnement un important aspect de la libération nationale. Mieux que la richesse matérielle, l'environnement physique garantit au colonisé sa dignité humaine, écrit-il dans *Les damnées de la terre*[16].

Dans cette perspective, la critique postcoloniale et la critique écologiste se rejoignent : en mettant en exergue le lien vital entre des communautés précises et leur environnement, en illustrant les effets néfastes de l'exploitation capitaliste de l'environnement sur la qualité de la vie quotidienne des pauvres et sur l'organisation politique postcoloniale, en montrant l'impact positif des pratiques socioculturelles de certaines collectivités locales sur la protection de l'environnement, la littérature postcoloniale contribue à la réflexion sur la crise écologique globale. C'est du reste ce qui ressort de mon article ainsi que de ceux de Jean-Marie Wounfa et d'Anne Cirella-Urritia.

J'affirme que les questions postcoloniales complètent et vulgarisent l'engagement écologique en l'arrimant aux préoccupations concrètes des populations locales. Dans le roman de Bessora que j'analyse, je note que cette conjonction du postcolonial et de l'écologique s'obtient par le ré-enchantement de la nature, un processus socioculturel au bout duquel l'environnement s'enrichit de valeurs symboliques qui appellent à plus de circonspection. Par une écriture habile qui entremêle idées révolutionnaires, histoire politique et mythes, Bessora fait de la nature, simultanément, un enjeu de la fierté nationale menacée et le temple profané des divinités locales, donnant ainsi au discours écologique une prise sur les réalités locales. De plus, le recours à la métaphore et à l'allégorie permet de relire dans une perspective locale les concepts abstraits du risque environnemental, si bien que la pétro-critique s'insère presque naturellement dans le quotidien des populations gabonaises représentées dans le roman. Wounfa adopte un point de vue similaire

---

[16] Frantz Fanon, *Les damnées de la terre*, Paris, La Découverte, 2002, p. 47.

dans son analyse de quelques romans camerounais. Il conclut que les croyances locales associées aux écosystèmes particuliers et à certains animaux induisent des pratiques socioculturelles qui visent deux objectifs immédiats, le bien-être individuel et collectif ainsi que la cohésion sociale, mais aussi un objectif lointain, à savoir la préservation des espèces et des espaces naturels. Dans la même veine, Cirella-Urritia décrit le rôle des littératures de jeunesse dans le développement de la conscience écologique. Pour elle, les albums illustrés situés au bord du fleuve Congo proposent une réponse multiculturelle aux problèmes de l'exploitation des ressources naturelles et des matières premières en les abordant dans la perspective d'une culture locale. L'organisation de la vie du village autour de la pêche et des activités artisanales, comme la fabrication des pirogues, ainsi que des actions économiques, telles que le commerce et l'emploi des jeunes, qui l'accompagnent permet à Mwankumi d'illustrer l'importance de l'environnement. Les jeunes qui lisent cet auteur découvrent le lien vital qui lie des communautés entières au fleuve et à la forêt et apprennent à associer la protection de l'environnent à la protection de la vie des individus et des collectivités. Parallèlement, les albums illustrés situés à Kinshasa, la capitale congolaise, qui mettent en scène des jeunes marginalisés contraints de vivre dans les décharges publiques présentent la société de consommation comme un contre-exemple : le modèle capitaliste de développement ne détruit pas seulement l'environnement, il banalise les liens communautaires et produit, en bout de ligne, autant de déchets polluants que d'enfants de la rue.

En somme, ce volume rassemble des analyses sur des enjeux socioéconomiques, environnementaux et littéraires de l'Afrique contemporaine. Le cadre conceptuel que les contributeurs ont choisi, à savoir l'écocritique, leur permet de proposer un regard tout à fait novateur sur les littératures africaines, principalement celle de l'Afrique francophone dont le rapport avec l'écologie n'avait pas encore été analysé avec autant de perspicacité. Ces lectures écologiques du texte africain ouvrent aussi de nouvelles perspectives théoriques en opérant un rapprochement significatif entre la pensée postcoloniale et l'écocritique. Comme l'écrit Achille Mbembe, la pensée postcoloniale se caractérise par son éclatement puisqu'elle s'engage dans les luttes anticoloniales et anti-impérialistes en recourant simultanément à la philosophie occidentale et à plusieurs disciplines en sciences sociales ou en sciences humaines. Malgré leurs hétérogénéités méthodologiques, les différents courants des études postcoloniales convergent vers la critique de l'européocentrisme et s'attèlent à déconstruire tous les discours impérialistes et pseudo-universalistes qui déshumanisent, spolient et asservissent l'autre[17]. La critique écologique apparaît dans ce sens comme l'une des multiples entrées de la critique postcoloniale surtout si elle permet, comme chez Elizabeth DeLoughrey, Renée Gosson et George Handley[18] ou chez Graham Huggan et Helen Tiffen[19], de démasquer les artifices de l'impérialisme environnemental qui a présidé au déploiement de l'exploitation coloniale et qui subsiste encore dans les discours et les pratiques de la globalisation. L'écocritique se présente aussi, chez Deane Curtin par exemple, comme un moyen de dénonciation du biopouvoir et de la captation des ressources par une élite postcoloniale égoïste qui transforme la décolonisation en endo-colonisation[20]. Cette acception de l'écocritique comme l'une des disciplines auxquelles les études postcoloniales empruntent des outils conceptuels est bien représentée dans ce volume. Cependant, il faut reconnaître avec Mbembe que « la pensée postcoloniale insiste sur *l'humanité-à-venir*, celle qui doit naître une fois que les figures de l'inhumain et de la différence raciale auront été abolies[21] ». Dans cette projection vers un avenir marquée par « l'avènement d'une communauté universelle[22] », la critique postcoloniale cesse d'être

---

[17] Achille Mbembe, « Qu'est-ce que la pensée postcoloniale », *Esprit*, n° 330, décembre 2006, p. 117.
[18] Elizabeth DeLouhgrey *et al.*, *op. cit.*
[19] Graham Huggan et Helen Tiffen, *op. cit.*
[20] Deane Curtin, *Environmental ethics for a postcolonial world*, Lanham, Rowman & Littlefield Publishers, 2005.
[21] Achille Mbembe, « Qu'est-ce que la pensée postcoloniale », *Esprit*, n° 330, décembre 2006, p. 118
[22] Achille Mbembe, *Ibid.*

principalement une instance de contestation pour devenir une force de proposition. L'autre originalité des contributions de ce volume consiste effectivement à montrer comment le discours postcolonial abandonne la posture de la protestation et explore les possibilités d'une intégration efficace des communautés anciennement colonisées dans la communauté universelle. À ce niveau, c'est le discours postcolonial qui se met au service de l'écologie en mettant en place, à partir d'une analyse des cultures et des pratiques locales, les conditions de l'avènement d'une justice et d'une éthique environnementales universelles. L'article d'Hervé Tchumkam le montre parfaitement, la valorisation des cultures du terroir, en permettant d'affermir le rapport des communautés villageoises avec leur environnement, décomplexe les populations locales et débouche sur un modèle de développement qui ne se résume plus à l'obsession de la croissance économique, mais qui repose sur l'adéquation entre valeurs et besoins humains, production des biens et protection de l'environnement. Dans le même sens, mon article montre que l'inculturation des concepts environnementaux ravive la conscience écologique des populations locales, valide leurs pratiques environnementales et, en fin de compte, intègre leurs pensées dans les courants environnementalistes dominants. Au total, si cet ouvrage illustre le processus par lequel les études postcoloniales appliquent des notions d'écologie à l'analyse de l'esthétique littéraire et à la critique sociopolitique, il se distingue surtout par sa mise en exergue des outils conceptuels que la critique postcoloniale déploie en vue de réconcilier la pensée globale sur l'écologie et le développement avec les besoins, les discours et les actions des populations locales.

Je tiens à exprimer ma plus profonde gratitude aux collègues dont les contributions constituent l'essentiel de cet ouvrage. Ce projet a aussi bénéficié du soutien financier du Conseil des recherches en sciences humaines du Canada (CRSH); la bourse reçue de cet organisme pour mon programme de recherche sur les discours environnementaux dans les romans francophones d'Afrique centrale a permis de rémunérer les assistants et de défrayer tous les autres coûts relatifs à la préparation du manuscrit de cet ouvrage. Je voudrais enfin remercier Vincent Simedoh, Hervé Tchumkam et Kasereka Kavwahirehi dont les rapports de lecture ont assurément aidé les contributeurs de ce volume à affiner leurs articles.

Références

Buell, Lawrence, *The Future of Environmental Criticism. Environmental Crisis and Literary Imagination*, Malden, Blackwell Publishing, 2005.

Curtin, Deane, *Environmental ethics for a postcolonial world*, Lanham, Rowman & Littlefield Publishers, 2005

DeLoughrey, Elizabeth & George Handley, « Introduction », *Postcolonial Ecologies. Literatures of the Environment*, Elizabeth DeLoughrey & George Handley (dir.), Oxford, Oxford University Press, 2011, p.1-39.

DeLoughrey, Elizabeth, Renée Gosson et George Handley, "Introduction", *Caribbean Literature and the environment: between nature and culture*, Elizabeth DeLoughrey, Renée Gosson et George Handley (dir.), Charlottesville, University of Virginia Press, 2005, p. 1-30.

Fanon, Frantz, *Peau noire, masques blancs*, paris, seuil, 1952.
--- *Les damnées de la terre*, Paris, La Découverte, 2002.

Gary, Romain, *Les racines du ciel*, Paris, Gallimard, 1956.

Glissant, Edouard, *Le discours antillais*, Paris, Seuil, 1981.

Huggan, Graham et Helen Tiffin, *Postcolonial Ecocriticism. Literature, Animals, Environment*, London, Routledge, 2010.

Keita, Modibo Sounkalo, *L'archer bassari*, Paris, Karthala, 1984.

Love, Glen A., « Revaluing Nature. Toward an Ecological Criticism », *The Ecocritical Reader. Landmarks in Literary Ecology*, Cheryll Glotfelty & Harold Fromm (dir.), Athens, The University of Georgia Press, 1996, p. 225-40.

Mbembe, Achille, « Qu'est-ce que la pensée postcoloniale », *Esprit*, n° 330, décembre 2006, p. 117-133.

Narain, Sunita, Boyce, James K. Stanton, Elizabeth A., « Introduction », *Reclaiming Nature: Environmental Justice and Ecological Restoration*, Narain, Sunita Boyce, James K. Stanton, Elizabeth A. (dir.), London, Anthem Press, 2007, p. 1-20.

Ormerod, Beverly, « French West Indian writing since 1970 » in Richard Burton and Fred Reno (dir.), *French and West Indian*, London, Macmillan, 1995, p. 167-187.

Sassine, Willams, *Le jeune homme de sable*, Paris, Présence africaine, 1979.

Serres, Michel, *Le contrat naturel*, Paris, Flammarion, 1992.

2

Le sentiment de la nature chez Abdou Salam Baco. Vers une autobiographie naturelle

Christophe Cosker
Université de Mayotte

Unes terres ardens et caudes
Jean Bodel, *Le Jeu de saint-Nicolas*, v.369, p.82.

La critique littéraire anglaise dispose, grâce à John Ruskin d'une figure de style qui n'a pas d'équivalent strict en français et que l'on appelle *pathetic fallacy*. Il s'agit de transmettre des sentiments à un paysage, c'est-à-dire d'opérer un échange entre l'humain et le naturel. Cette figure de style est surtout caractéristique des écrivains romantiques. En France, l'expression « sentiment de la nature » traduit mieux ce procédé que le mot hypallage, moins en vogue du reste aujourd'hui. L'usage de cette figure de style incite le lecteur à s'intéresser à la vision de la nature propre à un auteur, une vision humaine dans la mesure où elle sert à traduire métaphoriquement ses préoccupations. Dans le paysage littéraire, c'est notamment chez Rousseau qu'on étudie volontiers le sentiment de la nature, lui qui s'en fait le chantre, tant par son goût pour l'herborisation que par son intérêt pour l'homme. L'objet du présent article n'est pas d'étudier un auteur du XVIIIe siècle européen, mais un écrivain maorais contemporain : Abdou Salam Baco. Cet auteur de l'Océan indien, né en 1965, publie, en 1991, dans la collection « Encres noires » de l'Harmattan - maison d'édition dont le nom provient d'un vent africain, chaud et poussiéreux, qui souffle du sud - un récit autobiographique dans lequel la nature maoraise occupe une place importante. Sans mettre en œuvre un dispositif allégorique, l'écrivain décrit tantôt sa vie, tantôt la nature ; et cette description n'est pas purement et simplement ornementale mais symbolique. Il convient donc ici d'étudier les correspondances entre les épisodes de la vie d'un homme, de sa naissance à son entrée au collège, et le paysage qui l'entoure : son environnement. Les paysages dans lesquels l'auteur baigne sont d'abord physiques et placés sous le signe de l'eau, celle qui entoure l'île de Mayotte comme celle qui tombe du ciel. Ils deviennent ensuite symboliques, la ville s'opposant à la brousse parce que le premier espace est clos et étouffant tandis que le second est libre et ouvert, ce qui permet un mouvement d'aération car, comme le titre l'annonce d'emblée, *Brûlante est ma terre* est un roman de la chaleur.

Une Enfance au fil de l'eau

La nature est d'abord abordée de façon factice par un auteur qui semble avant tout soucieux de bien écrire, adoptant un registre soutenu émaillé par un vocabulaire courant, voire familier, qui est tantôt celui de l'enfant ou de l'adolescent, tantôt celui de l'adulte militant. Dans cette perspective, la nature est décrite comme « une grande surface riante »[1], c'est-à-dire par le truchement d'une périphrase contenant une épithète de nature, « riant », que l'on trouve aussi chez Rousseau, et qui se comprend comme une personnification faisant de la nature un être accueillant. Mais ce lieu commun est une fleur de rhétorique peu littéraire dans la mesure où elle ne témoigne pas d'une vision du monde originale de la part de l'auteur. Elle se réduit en outre à une approche superficielle qui va néanmoins peu à peu se transformer en un approfondissement de l'homme à son contact. Dans cette perspective, la nature est un abri ou un asile :

La chance est avec nous pour une fois. Nous ne sommes pas loin de la forêt des cocotiers, nous pourrons donc nous y glisser sans

---

[1] Abdou Salam Baco, *Brûlante est ma terre*, Paris, L'Harmattan, coll. « Encres noires », 1991, p. 16.

trop de problèmes (...) Les moustiques, maîtres des lieux, semblaient apprécier notre intrusion dans leur royaume car pour une fois nous ne pouvions allumer un feu pour les mettre hors de notre portée.[2]

Dans cet épisode, la forêt, espace naturel, devient un abri pour la famille « serrer-la-main » poursuivie par des ennemis « sorodats ». La vision naïve d'une nature protectrice et bienfaisante n'est pas univoque, comme le montrent les moustiques agaçants qui rendent la nature ambivalente et suggèrent l'ironie de l'auteur. Le rapport initial à la nature, lié à celui de l'enfant et au sens commun qui accorde son humeur au temps, fait rapidement place à d'autres enjeux plus subtils.

L'enfant mis en scène au début du texte est un être doublement naturel parce qu'il vit dans l'état de nature et au contact d'une nature qu'il aime, mais ce rapport à l'environnement se complique rapidement, ce qui confère au texte une étoffe littéraire plus riche, comme en témoigne, au début du roman, l'atmosphère festive de la fête des moissons :

C'est donc le début de la belle saison, la saison sèche. Comme la saison pluvieuse, cette saison dure environ six mois : six mois de danse, six mois de fête, six mois de joie. Adieu pluies incessantes et impitoyables cyclones, vive le beau temps!
Souvent, pour moissonner leurs champs, les cultivateurs avaient l'habitude de s'entraider. Mais au-delà de cette solidarité dont notre société était coutumière, ce que recherchaient les paysans c'était avant tout la fête.[3]

La transition entre les saisons est l'occasion d'un chant de joie, d'autant plus que la saison qui s'achève est moins appréciée que celle qui débute. Mais la fête naturelle qui l'inaugure est en contraste avec

---

[2] *Ibid.*, p. 42-43.
[3] *Ibid.*, p. 13.

l'humeur de l'enfant, car l'atmosphère collective de joie qui y préside s'oppose à une tristesse personnelle :

> Peu à peu la sensation désagréable que j'avais à l'idée de partir aux champs m'abandonna, et l'ambiance électrique qui régnait dans le village fit naître en moi un état de surexcitation, qui allait bientôt virer à la déception.[4]

L'état initial de l'enfant est négatif comme le signale l'expression « sensation désagréable », mais il s'agit plus d'une douleur passagère que d'un état stable de malheur. C'est la raison pour laquelle l'enfant est ensuite sensible à l'ambiance positive d'une fête à laquelle il veut prendre part, mais de laquelle il se trouve exclu, comme un « animal nuisible »[5] à cause de son jeune âge. Loin de relativiser cet événement isolé en le ramenant à un âge passager de sa vie, il en fait l'indice d'un décalage perpétuel avec les autres : « Pourquoi ne suis-je pas heureux comme tous ces gamins que j'entends crier dehors? »[6]. Ce décalage se vérifie dans l'extrême difficulté éprouvée par le narrateur à manger en société et le lecteur doit s'interroger pour déterminer la sincérité de cette solitude étant donné qu'elle suggère fortement que le personnage est isolé dans la mesure d'un don qui le rend malheureux, mais aussi et surtout supérieur. Cette hypothèse sert à compenser le portrait peu flatteur que le narrateur fait de son double puéril comme d'un être chétif :

> J'aimais beaucoup ce jeu, mais jamais il ne m'était venu à l'esprit d'être un jour parmi ces toreros que j'enviais beaucoup. J'étais trop peureux et de toute façon trop jeune pour risquer une telle entreprise.[7]

---

[4] *Ibid.*, p. 14.
[5] *Ibid.*, p. 15.
[6] *Ibid.*, p. 19.
[7] *Ibid.*, p. 24.

Ce manque de courage culmine dans la peur de la nuit, qui suscite des provocations de la part de sa sœur « toi qui as peur de sortir seul la nuit »[8], et une surveillance accrue de la part de la mère :

> Et j'avais peur. Mais avec ce que je venais de dire, il n'était pas question de la montrer. Je m'en fus donc au lieu dit. Chaque fois qu'un lézard ou n'importe quelle bestiole bougeait à côté de moi, mes cheveux se hérissaient. Après quelques mètres, je me retournai pour m'assurer que ma sœur ne me surveillait pas. Non! Elle avait autre chose à faire. Je me cachai alors derrière un manguier, impossible d'aller plus loin. Quelques minutes plus tard, je m'en refus vers elle, serein.[9]

Cette peur enfantine courante empêche ici le jeune garçon d'aller voir les dégâts causés par une tempête dans un champ. Mais il est intéressant de souligner que cette peur développe des facultés chez l'enfant. Elle ne le paralyse pas tout à fait et il décide de se cacher, imaginant un stratagème rusé qui berne sa sœur en se fondant sur le temps vraisemblablement nécessaire pour faire le tour du champ ainsi que sur le mensonge. Cette terreur enfantine est bientôt dépassée implicitement par l'adolescent pour lequel elle devient le moment favorable à une certaine licence, entendue ici comme un double dévoyé, néanmoins plus amorale qu'immorale de la liberté première de l'enfant :

> Il faisait un très beau clair de lune. Le ciel était pur, serein, parsemé d'étoiles. La lune faisait miroiter les feuilles de cocotiers. Du haut des kapokiers, d'innombrables chiroptères battaient mollement leurs membranes, jetant de temps à autre leurs excréments sur les passants. Un vent léger jouait avec la toiture de notre case et faillit éteindre notre lampe à pétrole. Comme d'habitude, je somnolai sur ma table de travail quand soudain un

---

[8] *Ibid.*, p. 57.
[9] *Ibid.*, p. 57.

hibou, débusqué et suivi par une flopée de bambins criards, ulula au-dessus de notre case.[10]

La description fantastique de la nuit comme d'une nature effrayante à pénétrer est remplacée ici par la description esthétique d'un lieu jugé attirant par sa beauté. *A fortiori,* un véritable appel de la nature résonne ici, relayé par le hibou qui réveille l'adolescent dans les bras de Morphée. Les excréments des chiroptères sont le corrélat ironique des moustiques de la forêt précédente.

Un élément naturel se détache bientôt des autres : l'eau. Cette dernière révèle, à l'enfant, l'adulte qu'il va être et annonce l'écriture du livre. Cette révélation a lieu, de façon discrète, dès le chapitre II. Elle se fonde sur un fait qui n'est anodin qu'en apparence : « La veille, la pluie avait été tellement violente qu'un petit ruisseau s'était transformé en un gigantesque fleuve. »[11]. Cet événement perçu et exagéré sans doute par l'enfant est l'occasion d'un spectacle. Mais ce dernier n'est pas seulement naturel, il invite à s'interroger sur cette transformation d'un « petit ruisseau » faible et inoffensif en un « gigantesque fleuve » dangereux. L'auteur suggère que cet événement possède un caractère allégorique :

> Il y avait ce fleuve en furie, symbole caractéristique de la saison des pluies. Debout, à quelques centimètres du fleuve, je le regardai émerveillé (…) il me parlait un langage occulte et mon esprit se mit à divaguer.[12]

Cet événement est un symbole naturel du climat de Mayotte, mais aussi un symbole pour le protagoniste qui se sent concerné. La nature lui tient, de façon baudelairienne, un « langage occulte » qui le plonge dans une rêverie dont il ne livre pas le contenu. L'interprète peut alors supposer que le « petit ruisseau » est l'enfant faible du récit tandis que le « fleuve gigantesque » est l'adulte, plus précisément

---

[10] *Ibid.*, p. 61.
[11] *Ibid.*, p. 25.
[12] *Ibid.*, p. 26.

l'auteur écrivant le livre et ayant le pouvoir, comme le fleuve, d'emporter des vies humaines, mais pas au hasard comme la nature, car l'enjeu est bien de se débarrasser de ceux qui sont considérés comme les envahisseurs de Mayotte.

Le sentiment de la nature est donc bien à l'œuvre dans le texte d'Abdou Salam Baco, évoluant du poncif vers un sentiment plus authentique, donnant lieu à une catabase, c'est-à-dire un moment surnaturel permettant au personnage de découvrir son destin. L'eau est reliée à Mayotte aux intempéries, la force de la pluie face à la faiblesse des habitations autochtones entraînant une porosité entre l'intérieur et l'extérieur. Dans l'hémisphère sud, au niveau des tropiques, l'année se divise en deux saisons : la saison sèche et la saison des pluies. Le début du roman se déroule pendant la saison des pluies, faisant la part belle aux conséquences et aux inconvénients des accidents climatiques. Le *climax* de ce mouvement du texte est l'évocation oblique d'un cyclone dans le chapitre IV. Ce dernier est d'abord annoncé par la radio avant que ce *medium* ne signale qu'il est dérouté vers Madagascar. Néanmoins, le protagoniste essuie une tempête décrite comme suit :

> Comme notre case datait de quelques lunes, nous devions déplacer dans tous les sens les lits, dans l'espoir de trouver un coin où les postillons, projetés par la pluie et traversant la toiture, ne nous dérangeaient pas dans notre intimité. Nous, les enfants, ayant pour lit le sol et pour matelas une natte, nous nous réfugiâmes sous les lits. Il faisait froid. Je m'étais recroquevillé sur moi-même.[13]

Alors que l'enfant se réjouit d'une perturbation qui va le dispenser de faire ses devoirs, il découvre bientôt ce que c'est qu'une tempête dont les précipitations le frappent. Cet événement trouve un écho dans les mauvais traitements que l'enfant subit. Il ne s'agit pas ici des châtiments corporels infligés par la mère, « M'Semakwéli était le nom

---

[13] *Ibid.*, p. 54.

donné à sa chicotte qui, soigneusement gardée, sifflait sur notre corps chaque fois que nous commettions une bêtise »[14], mais des mauvais traitements infligés par l'instituteur du village. Ils sont d'abord évoqués de façon générale et oblique :

> Par exemple en dictée, il était de règle à l'école de M'Zouasia que chaque faute fût corrigée par un coup. Celui qui, à chaque dictée, faisait cinquante ou soixante fautes – ce qui arrivait quelquefois – n'avait plus qu'à faire alors ses prières.[15]

Ils deviennent ensuite l'occasion d'un récit particulier dans lequel l'enfant se trouve assommé :

> Soudain, une pierre de dix kilos me tomba sur la tête : c'était une « cougnaca » - coup de poing asséné en plein crâne par l'instituteur ce dernier justement avait la plus grande réputation en la matière, mais je ne pensais pas avoir à apprécier par moi-même sa désagréable spécialité. Ma tête ne fut plus que douleur et pendant un moment ma vue s'embrouilla. Je voyais presque à l'envers tout ce qui se trouvait devant moi. Il y avait comme un sifflement dans mes oreilles, une sorte de bruit parasite comme celui qu'on entend dans un transistor mal réglé. Je n'arrivais pas à savoir si les élèves autour de moi riaient ou sifflaient. Je marchai à tâtons jusqu'à ma place, tenant ma tête dans les mains.[16]

Ce châtiment infligé par l'instituteur paraît démesuré en comparaison de la faute de l'élève : empêcher ses camarades d'entrer dans la salle de classe. On remarque que l'enfant exagère sans doute la douleur ressentie, lorsqu'il compare le poing de l'instituteur à une « pierre de dix kilos » ; mais cette hyperbole est significative du symbole représenté par ce châtiment pour l'enfant, et le lecteur ne peut être que touché par le tableau final d'un être frêle qui essaie de regagner sa

---

[14] *Ibid.*, p. 62-63.
[15] *Ibid.*, p. 73.
[16] *Ibid.*, p. 77.

chaise, assourdi par le choc et aveuglé par la douleur. L'usage combiné de l'hyperbole et de la litote souligne l'importance de l'événement. *Brûlante est ma terre* est donc un roman de la violence qui se déchaîne tant dans la nature que chez l'homme.

Prolégomènes autobiographiques

Le genre autobiographique du texte d'Abdou Salam Baco réclame une mise au point. Ce livre est davantage un modeste récit autobiographique, plutôt qu'une vaste entreprise autobiographique jetant un regard rétrospectif sur toute une vie, parce que son auteur l'écrit à vingt-six ans, soit à la moitié de l'âge mûr auquel les écrivains se lancent dans le projet de l'écriture de soi. *Ipso facto*, ce récit autobiographique ne concerne que l'enfance et l'adolescence s'arrêtant à ce que Nassur Attoumani appelle les « années collège »[17]. Il se rattache plus encore au récit d'enfance et de formation, ou de déformation dans la mesure où l'apport de l'école est remis en question : « Ce n'était pas tant le fait d'aller à l'école qui m'était insupportable que le comportement des instituteurs »[18]. Cette citation n'est pas une critique de l'enseignement mais celle de l'enseignant qui, par son comportement, devient une entrave au savoir qu'il veut enseigner. Ce qui incite surtout à voir dans ce texte une autobiographie, au sens de Philippe Lejeune, c'est d'abord l'identification entre auteur, personnage principal et narrateur, et surtout le regard rétrospectif du jeune adulte sur l'enfant qu'il a été et qu'il vient de cesser d'être. L'identité entre narrateur et personnage principal est claire dans la réflexivité du texte : « Cette première participation à la fête de la moisson fut pour moi loin d'être emblématique. »[19] Le narrateur est dans une position surplombante par rapport au personnage qui vit sa première fête de la moisson ; il

---

[17] Nassur Attoumani, *Les Aventures d'un adolescent mahorais,* Paris, L'Harmattan, « Lettres de l'océan indien », 2006, « Le Malade imaginaire », p. 78.

[18] Abdou Salam Baco, *Brûlante est ma terre,* Paris, L'Harmattan, coll. « Encres noires », 1991, p. 75.

[19] *Ibid.*, p. 14.

est celui qui la raconte sachant que d'autres sont à suivre, qui seront plus plaisantes encore. L'identité entre cette instance narrative et l'auteur est, quant à elle, plus délicate à déterminer. On trouve le nom du personnage « Abdou » quatre fois dans le texte. La découverte du nom se fait dans des circonstances négatives qui ne sont pas surprenantes étant donné la difficulté initiale du personnage à être au monde : « Pourtant tous les soirs il... Abdouuuuu! hurla-t-elle, hors d'elle »[20]. Comme le lecteur le remarque, même si le nom vient de la mère, il n'est pas dit, mais crié, par un personnage qui vient de découvrir que son fils ne va pas à l'école coranique, ce sur quoi le *fundi*[21] vient lui demander des comptes. La deuxième occurrence apparaît comme une réparation de la première : « Abdou, tu as sommeil? me demanda ma mère »[22]. Cette fois-ci, le nom est prononcé dans un élan de tendresse parce qu'elle fait attention à son fils. Néanmoins, l'adversité n'est pas absente, sinon déplacée à l'extérieur du cadre de la famille. À ce moment du récit, les personnages principaux redoutent une agression à cause du contexte politique contemporain et de l'appartenance de la mère au camp vaincu des « serrer-la-main »[23]. Mais le nom prononcé par la mère est aussi la reprise de celui scandé par les auditeurs imaginaires d'un discours que l'enfant rêve de prononcer pour apaiser les maorais « sorodats » qui sont, à son avis, les marionnettes des colons. La dernière occurrence étudiée ici du prénom du personnage est le fait de ses camarades : « peut-être qu'Abdou a raison »[24]. Elle intervient à

---

[20] *Ibid.*, p. 36.

[21] Le *fundi* est, à Mayotte, celui qui apprend aux enfants à psalmodier le *Coran* en arabe dans le cadre d'une école dont il est le maître.

[22] Abdou Salam Baco, *Brûlante est ma terre*, Paris, L'Harmattan, coll. « Encres noires », 1991, p. 48.

[23] Les « sorodats » souhaitent que Mayotte reste française tandis que les « serrer-la-main » souhaitent que Mayotte devienne indépendante dans l'archipel des Comores. Les « sorodats » l'emportent par la voix des urnes, mais aussi et surtout par les commandos qu'ils forment et qui persécutent les partisans du camp adverse.

[24] Abdou Salam Baco, *Brûlante est ma terre*, Paris, L'Harmattan, coll. « Encres noires », 1991, p. 64.

l'occasion d'un *voulé*[25]. Ce contexte est ambivalent, *a priori* positif étant donné l'ambiance festive, *a posteriori* moins pur, car le personnage ment pour réussir à se joindre à ses amis, et le *voulé* est le résultat de menus larcins. La révélation du nom ne se déroule donc pas dans un contexte valorisant, mais l'onomastique est particulièrement importante dans un roman dont l'auteur a pour dernier nom « Baco », ce qui signifie maorais et s'inscrit dans le cadre d'une opposition polémique avec « wazungu »[26].

Philippe Lejeune donne de l'autobiographie la définition suivante :

> Récit rétrospectif en prose qu'une personne réelle fait de sa propre existence, lorsqu'elle met l'accent sur sa vie individuelle, en particulier l'histoire de sa personnalité.[27]

Brûlante est ma terre est bien un récit rétrospectif, comme en témoignent les citations dans lesquelles l'homme actuellement narrateur diffère en maturité de l'enfant protagoniste du récit. Le genre de la prose se mêle à la poésie, le texte liminaire de l'œuvre étant un poème adressé au père défunt et apparaissant comme le point de départ de l'autobiographie, celui où l'enfant devient un

---

[25] Réunion d'un petit groupe pour partager un repas qui est le plus souvent un barbecue où l'on savoure des brochettes de poisson et de viande ainsi que des bananes, du manioc ou d'autres légumes locaux. Dans le texte, cette réunion se révèle un festin de roi : « À mon arrivée, tout était sur place : poissons, bananes vertes, piment, citrons, vin de palme, et tout... et tout... Une grande marmite chantait sur un foyer : c'était la sauce. À côté du foyer un feu était allumé à l'intention des poissons et des bananes réservées à la grillade. » Abdou Salam Baco, *Brûlante est ma terre,* Paris, L'Harmattan, coll. « Encres noires », 1991, pp. 65-66.

[26] Dans le texte, le mot « baco » renvoie à l'ensemble des maorais et le mot « wazungu » à ceux qui ne sont pas maorais ; cette notion est polémique car il est parfois difficile de savoir où classer les habitants de Mayotte originaires des autres îles de l'archipel des Comores et de Madagascar ; elle a donc tendance à se confondre avec une opposition entre blancs et noirs, fondée sur la couleur de la peau.

[27] Philippe Lejeune, *Le Pacte autobiographique,* Paris, Seuil, coll. « Points essais », 1996, p. 14.

homme parce que la personne par rapport à laquelle il se construit, en accord ou non, a disparu. Un vers libre se répète dans le poème : « Tu demeures et tu demeureras toujours au plus profond de moi »[28], indiquant la part de l'héritage paternel dans la vie du fils. Dans cette évocation lyrique du rapport au père, un souvenir occupe le centre du texte :

> J'aimerais être toujours ce petit garçon en casquette, / reposant sur tes épaules / Comme ce jour où tu m'amenas à BANDRÉLÉ / M'inscrire sur le registre d'État civil.[29]

Ce souvenir indique la force du rapport au père parce qu'il s'agit du moment de l'attribution du prénom, ce dont l'importance vient d'être soulignée. On peut se demander si ce souvenir est réel et si la nomination de l'enfant dans le cadre administratif français a tardé. Ce souvenir est reconstruit de façon fantasmatique de la même façon que Nassur Attoumani, dans la première nouvelle du récit fragmentaire autobiographique et picaresque *Les Aventures d'un adolescent mahorais*, raconte sa naissance avec précision, se souvenant, de façon invraisemblable, de la sage-femme qui coupe son cordon ombilical et racontant cette scène avec un vocabulaire impressionnant pour un enfant, c'est-à-dire, au sens étymologique, un être qui ne sait pas encore parler[30]. Par le truchement de ce souvenir, la mort est réduite à un « voyage », selon une image rhétorique usitée qui ne doit pas fourvoyer le lecteur car le verbe « quitter », employé précédemment renvoie bien à la mort comme le signale la conclusion du poème : « Enseveli sous ta propre terre / Tu es mort de ta belle mort »[31]. Dans ce texte, le « nous » réalise une union au père qui n'est

---

[28] Abdou Salam Baco, *Brûlante est ma terre*, Paris, L'Harmattan, coll. « Encres noires », 1991, p. 9.
[29] *Ibid.*, p. 9.
[30] Nassur Attoumani, *Les Aventures d'un adolescent mahorais*, Paris, L'Harmattan, « Lettres de l'océan indien », 2006 pp. 7-9.
[31] Abdou Salam Baco, *Brûlante est ma terre*, Paris, L'Harmattan, coll. « Encres noires », 1991, p. 10.

plus possible dans la réalité car, même si le personnage de Soufou devient une figure paternelle de substitution, celui dont on lit l'épitaphe au début du texte est un être irremplaçable : « Tu es et resteras mon unique père »[32]. Cette mort est perçue comme un retour à la terre natale, cette même terre qui est le mot le plus important du titre du livre autobiographique du fils. Le sol relie les deux hommes par le biais d'un déterminant possessif dont la valeur ne se limite pas à un simple rapport d'appartenance, mais désigne une relation complexe que l'on peut décrire à l'aide de la notion de racine, catachrèse qui souligne la carence de vocabulaire pour désigner le rapport de l'homme à la terre, obligeant à un renvoi métaphorique à l'image de l'arbre.

La disparition du père invite à s'interroger sur la place de la mère, une place d'autant plus importante qu'un vide se fait jour dans le groupe familial comme dans le cœur de l'enfant. Le personnage de la mère apparaît dès la première page du chapitre I : « ma mère »[33]. Elle est envisagée comme une protection dont il est difficile de se passer au premier jour de l'école primaire :

> À ces mots, elle me poussa tendrement vers le directeur. Je compris alors beaucoup de choses : je compris que désormais je ne pourrais rester toujours auprès de ma mère comme avant, que la liberté que j'avais à courir à ma guise dans la nature était bel et bien finie, qu'il fallait bien me résigner aux symptômes de cette nouvelle vie qui s'annonçait très dure pour moi.[34]

Un mot important apparaît de façon inattendue dans cet épisode : « la nature ». L'éloignement involontaire par rapport à la mère s'accompagne d'une perte de la nature perçue, de façon enfantine, comme l'espace dans lequel on peut courir en liberté, protégé par une mère qui consent aux jeux de l'enfant. Cette séparation indique aussi

---

[32] Abdou Salam Baco, *Brûlante est ma terre,* Paris, L'Harmattan, coll. « Encres noires », 1991, p. 9.
[33] *Ibid.*, p. 13.
[34] *Ibid.*, p. 34.

la perte d'une autre valeur, l'insouciance car on ne peut soutenir un bonheur originel du personnage. L'entrée à l'école est un premier éloignement par rapport à la mère, accentué lors de l'entrée au collège, c'est-à-dire dans un autre établissement scolaire. La première séparation géographique est minime car elle consiste en un déplacement de la maison maternelle vers l'école maternelle à l'intérieur du village de M'Zouasia. Pourtant, cette séparation est importante relativement à l'âge de l'enfant et par rapport aux dimensions du monde pour lui. La seconde séparation est plus importante géographiquement. Il s'agit d'un déplacement d'une ville à une autre : Dzaoudzi. Ce changement de lieu est aussi un changement d'île car Mayotte se compose de deux parties : Grande et Petite Terre. Le protagoniste est né sur Grande Terre, et il va partir étudier sur Petite Terre, même si l'internat est ensuite déplacé de l'ancienne vers la nouvelle capitale, Mamoudzou, sur Grande Terre. Dans le premier collège, la mère manque de façon cruelle à l'enfant : « j'étais triste parce que ma mère me manquait beaucoup »[35]. Ce manque est renforcé par la vision néfaste que la mère, habitant la campagne, donne à l'enfant, alors même qu'il subit l'exode rural, c'est-à-dire le déplacement de la campagne vers la ville : « N'oublie pas ce que maman nous a dit de cette ville, fit mon frère sur un ton dramatique pour me faire peur »[36]. En réalité, comme cette citation l'indique, la séparation par rapport à la mère ne signifie pas un éloignement total de la famille car, du primaire au collège, le personnage est accompagné d'un frère avec lequel les relations s'améliorent peu à peu : « c'est dans de grands éclats de rire que mon frère et moi évoquions, sans regret aucun, cette période de notre enfance »[37]. Dans cette autobiographie, la famille occupe une place importante, annoncée par la dédicace initiale « À H. P. et à toute ma famille »[38], et

---

[35] Abdou Salam Baco, *Brûlante est ma terre*, Paris, L'Harmattan, coll. « Encres noires », 1991, p. 89.
[36] *Ibid.*, p. 87.
[37] *Ibid.*, p. 38.
[38] *Ibid.*, p. 7.

l'on peut se demander si elle est envisagée comme un public cible du livre.

L'introspection ne vacille pas chez le narrateur dont la plume suit harmonieusement des évolutions parfois dysphoriques qui n'altèrent pourtant jamais l'essence de l'être qui se raconte. La réalité de la personne dont il est question a déjà été évoquée. Ce qui accrédite la thèse de l'autobiographie, c'est essentiellement l'accent mis sur une vie individuelle ainsi que sur l'évolution d'une personnalité au contact du monde. Cette autobiographie poétique donne une dignité mystérieuse et mystique au texte qui se veut la création, ou la recréation, plus que l'imitation d'une vie. Dans son récit autobiographique, Abdou Salam Baco revendique une certaine nonchalance quant à la chronologie :

> À cause de mon jeune âge, l'ordre me fut donné de rester éloigné des acteurs. Je devais avoir cinq ans. Oh, j'ai dû sûrement y participer avant, mais bien attaché sur le dos de ma mère, à cet âge où l'on regarde tout sans rien voir vraiment, cet âge où gestes, caprices, cris, pleurs, s'avèrent innocents.[39]

L'âge importe peu, comme le signale le souvenir liminaire du voyage vers Bandrélé dans une île sur laquelle les habitants ne connaissent pas toujours l'année de leur naissance. Il est donc moins crucial de savoir l'âge du personnage et la chronologie des faits que leur contenu, parce que le caractère symbolique n'est pas saisi sur le moment, mais plus tard. L'entrée tardive du personnage à l'école ainsi que son redoublement forcé, sans oublier son premier échec au concours d'entrée en sixième, renforcent ce constat.

Personnification de l'île

Toutefois, le texte n'est pas indifférent au lieu. Dans cette autobiographie poétique, lyrique, le sentiment de la nature s'avère

---

[39] *Ibid.*, p. 14.

important. Comme le deuxième texte liminaire, intitulé « Prologue », le signale, l'action se passe à Mayotte : « cette île perdue au milieu de l'immense Océan indien »[40]. Il est à noter que le mot revient de façon fréquente dans le texte, non que l'insularité soit pour l'auteur une expérience de vie fondamentale, mais parce que la manière dont les habitants symbolisent et jugent Mayotte en donne une image vraie, aux antipodes de celle d'une « vitrine de l'Océan indien », image touristique citée par les cousins, puis reprise par le principal du collège de Mamoudzou lors de la venue du ministre[41]. Les guillemets sont ici doubles, placés déjà par le narrateur autour de l'expression pour souligner le caractère stéréotypé de cette vision de l'île aux parfums[42], vision à laquelle il n'adhère pas. Il souhaite au contraire, dans et par ce livre : « montrer le vrai visage de Maoré profonde », personnifiant son île en lui donnant une face, ou plutôt plusieurs faces, et pas toujours reluisantes à l'instar du personnage qui se tient à l'entrée du cinéma et qui fait partie des « sales réputations de l'île »[43]. Le mot île revient fréquemment sous la plume de l'auteur dans des contextes différents voire antagonistes. Il y a d'une part la vision idéalisée de Mayotte annoncée par le « Prologue » : « notre paisible île »[44]. L'adjectif se retrouve dans les deux textes, qu'il qualifie l'île ou ses habitants. L'auteur n'est pourtant pas aveugle sur la situation réelle de Mayotte : « cette île crie sa détresse »[45]. Les signes du malheur de l'île sont énumérés dans une forme de litanie : « la ploutocratie de notre île », « la violence dans l'île »[46]. On remarque que, selon l'auteur, le discours sur Mayotte a été confisqué et falsifié par les « wazungu » qui sont « les autorités métropolitaines dans

---

[40] Abdou Salam Baco, *Brûlante est ma terre,* Paris, L'Harmattan, coll.

[41] *Ibid.*, p. 22 & p. 127.

[42] Mayotte est surnommée l'île aux parfums parce qu'elle a été un lieu de culture pour l'ylang ylang, fleur qui donne une essence servant de base pour la création de parfum, ce dont les armoiries portent encore la trace.

[43] Abdou Salam Baco, *Brûlante est ma terre,* Paris, L'Harmattan, coll. « Encres noires », 1991, p. 122.

[44] *Ibid.*, p. 91.

[45] *Ibid.*, p. 30.

[46] *Ibid.*, coll.

l'île »[47], représentés par le « ministre [qui fait brièvement escale] dans l'île »[48]. Dans cette perspective, la périphrase, « quelqu'un qui allait à l'encontre des intérêts de l'île »[49], servant à désigner le personnage de Soufou avant la première rencontre devient rapidement ironique, car il est celui qui incarne Mayotte et sert ses intérêts réels, contrairement à ce que prétend le discours sur lui. C'est la raison pour laquelle le rapport de l'île à la prostitution est intéressant, ce « métier peu répandu dans l'île »[50] est pourtant l'image de l'île selon le narrateur. Ce dernier distingue une Mayotte paradisiaque disparue et une Mayotte dégradée, dénonçant cette situation et cherchant à restaurer un âge d'or :

> Je veux me battre pour que notre île ne soit plus un lieu de débauche, un débarras pour étrangers ratés, qui, en plus ne se prennent pas pour de la merde.[51]

Pour Abdou Salam Baco, le sentiment intime ressenti au présent pour Mayotte, « ô mon île, ô soleil, paradis entre mer et ciel »[52] invite à essayer de faire à nouveau de cette île le paradis qu'elle était auparavant. Pour ce faire, la nature et la pluie purificatrice sont d'un grand secours dans « une île où la pluie ne faisait pas vraiment défaut, même en saison sèche »[53].

Ce qui intéresse Abdou Salam Baco n'est pas seulement de proposer un texte narratif sur sa vie, mais un texte argumentatif engagé en faveur de son île : Mayotte. C'est ce que renforce l'épigraphe initiale du texte :

---

[47] Abdou Salam Baco, *Brûlante est ma terre*, Paris, L'Harmattan, coll. « Encres noires », 1991, p. 126.
[48] *Ibid.*, p. 126.
[49] *Ibid.*, p. 97.
[50] *Ibid.*, p. 117.
[51] *Ibid.*, p. 92.
[52] *Ibid.*, p. 110.
[53] *Ibid.*, p. 112.

« Quand nombreux sont les hommes sans honneur, il y en a toujours quelques-uns pour avoir autant de dignité que beaucoup. Ce sont eux qui se révoltent avec une force redoutable contre ceux qui dérobent la liberté au peuple, c'est-à-dire l'honneur aux hommes. » José Marti[54]

La présentation même de cette citation initiale est intéressante. Le thème général est celui du rapport des hommes à l'honneur, un rapport qualitatif et non quantitatif qui établit une différence entre les hommes qui ont de l'honneur et les autres. Ce texte se veut celui d'un homme qui appartient à la première catégorie, et qui veut que le lecteur choisisse son camp. De plus, Abdou Salam Baco ne renvoie pas à une œuvre précise, mais à un homme dont la vie est en elle-même exemplaire. En effet, José Julian Marti y Perez est un insulaire originaire de Cuba, l'auteur voulant moins y voir un autre auteur que le fondateur du parti révolutionnaire cubain. Cette citation, et l'homme auquel elle renvoie, confère un accent politique indéniable et amène à s'interroger sur la volonté révolutionnaire d'Abdou Salam Baco face à la situation de Mayotte. En ce sens, le texte s'adresse aux Maorais, lectorat qui pose problème à cause de la maîtrise de la langue – le roman n'étant pas écrit, hormis quelques expressions, dans la langue du Mayotte : *shi-maoré* - ainsi que de l'accès au livre[55]. Les premiers mots de *Brûlante est ma terre* « tout au bout du wharf crasseux »[56] rappellent le « bout du petit matin » du *Cahier d'un retour pays natal* d'Aimé Césaire. Les deux hommes sont d'origine insulaire. Le vocabulaire acerbe de la maladie chez le poète martiniquais,

---

[54] *Ibid.*, p. 7.

[55] Jacques Chevrier, dans *Littérature nègre,* souligne le fait que la littérature africaine est dans une situation difficile à cause du problème des langues vernaculaires, mais aussi de la maîtrise d'une langue véhiculaire comme le français, et encore à cause de l'accès au livre et de sa consommation dans un cadre culturel où le groupe domine.

[56] Abdou Salam Baco, *Brûlante est ma terre,* Paris, L'Harmattan, coll. « Encres noires », 1991, p. 11.

comme le montre le « sacré soleil vénérien »[57] trouve un écho dans le vocabulaire de l'ordure, comme le montre l'adjectif « crasseux », chez le romancier maorais. Cette reprise est amplifiée par le mot « tout » dans le texte ici étudié. Chez l'un comme chez l'autre, la poésie transforme la veine réaliste en une veine merveilleuse qui verse dans le conte de fée : « un beau jour, effectivement, un géant passait par là »[58]. Mais la lecture de ce conte de fée n'est pas réservée aux enfants et sa leçon s'adresse aux adultes, car la réalité historique fissure le vernis du texte, le géant entendant « bâtir un empire ».

L'île de Mayotte, assimilée à un « paradis terrestre » invite le lecteur à scruter de plus près le thème de la religion dans le texte. De façon univoque, le narrateur assimile les colons européens à « des gens de sac et de corde »[59], expression réitérée servant à désigner les gens malhonnêtes par le châtiment qu'ils méritent, la noyade ou la pendaison, et les opposant à un peuple maorais idéalisé : « Ici habitait paisiblement un peuple dont les seules richesses étaient la générosité de la nature et l'amour pour autrui. »[60] L'autobiographie comporte une dimension religieuse dans la mesure où elle se termine par une invocation à Dieu : « AL HAMDU LILLAHI RABIL ANLAMINA! (Louanges à Dieu, maître des mondes!) »[61]. Il est à noter que cette citation en arabe, du point de vue de la langue et non de celui de l'alphabet, trouve un écho à la fin du poème au père, dans une invocation d'Allah : « J'honore le nom du Tout-Puissant, afin que Sa paix soit sur toi »[62]. Ce texte liminaire concentre un grand nombre

---

[57] Aimé Césaire, « Cahier d'un retour au pays natal », *in La Poésie*, Paris, Seuil, 1994, pp. 9-10.
[58] Abdou Salam Baco, *Brûlante est ma terre*, Paris, L'Harmattan, coll. « Encres noires », 1991, p. 11. Ce passage éveille un autre écho intertextuel : « l'oblique chemin des fuites et des monstres » Aimé Césaire, « Cahier d'un retour au pays natal », in *La Poésie*, Paris, Seuil, 1994, pp. 64-65.
[59] Abdou Salam Baco, *Brûlante est ma terre*, Paris, L'Harmattan, coll. « Encres noires », 1991, p. 11.
[60] Abdou Salam Baco, *Brûlante est ma terre*, Paris, L'Harmattan, coll. « Encres noires », 1991, p. 11.
[61] *Ibid.*, p. 131.
[62] *Ibid.*, p. 10.

des enjeux du livre à venir et contient donc une valeur programmatique. De même, le prologue se termine par une invocation religieuse :

> Ô Dieu, toi qui as tout créé et qui n'as pas été procréé, toi qui sais maîtriser les forces du mal, guide le bienfaiteur dans son rêve et aide-le à le réaliser ; accorde ta miséricorde à ceux qui, depuis la nuit des temps, ont toujours vécu dans la perfidie, la spoliation, l'injustice![63]

Le but d'Abdou Salam Baco n'est pourtant pas apologétique car il ne met pas l'exemple de sa vie au service d'une conversion à la religion musulmane au sein de laquelle il est né et qui est, de ce fait, la sienne. On remarque des accents d'éloquence prophétique dans la mesure où est annoncée, de façon messianique, la venue d'un sauveur qui renvoie au protagoniste du livre :

> Là-bas, dans les entrailles de la brousse, dans la profondeur des ténèbres a vu le jour un ingénu à l'amour duquel tous les anges peuvent désormais prétendre ; sa seule mission est de précipiter la mort de ce règne machiavélique, et faire à jamais disparaître du paradis toutes les reliques sacrées de ce passé malheureux.[64]

Sans entrer trop avant dans le débat sur les rapports entre « *wazungu* » et « *baco* », objet d'une partie des diatribes d'un livre polémique, on peut constater que l'auteur s'est trompé en considérant la départementalisation de Mayotte comme une « chimère »[65], car elle a eu lieu, même s'il peut encore soutenir qu'il s'agit d'une loi plus que d'une réalité.

---

[63] *Ibid.*, p. 12.
[64] *Ibid.*, p. 13.
[65] *Ibid.*, p. 131.

Deux espaces symboliques dans le roman de la nature : la brousse et la ville

L'auteur francophone retrouve peu à peu le *shimaoré* dans le texte, non pas en tant que procédé visant à une quelconque couleur locale liée à un exotisme facile, mais parce que certains mots ne peuvent être traduits et recouvrent une expérience singulière. C'est notamment le cas du mot « broussard » qui sert au personnage à se définir lui-même : « l'air stupide comme tout « *m'mtsaha* » (broussard) »[66]. Le mot brousse est introduit dans le texte par le biais du taxi-brousse :

> Vous pouviez prendre un taxi de fortune pour vous rendre à Mamoudzou, vous savez, ce genre de taxi baptisé « taxi-brousse » peut-être parce qu'indigènes et animaux y trouvent leur place.[67]

Le taxi-brousse est donc un moyen de se rendre de la campagne vers la ville, mais dans un sens unique. Seuls les campagnards ont besoin d'aller en ville, eux qui se déplacent avec leurs animaux, tandis que les villageois ne vont jamais à la campagne, vivant dans une ville satisfaisant tous leurs besoins et fonctionnant comme un vase clos. Pourtant, ce lieu dévalorisé en apparence est essentiel au protagoniste, lui qui se définit encore comme : « le petit broussard au fond de la brousse maoraise ». La répétition indique la force de l'enracinement du personnage dans ce lieu particulier. On peut rappeler que le prologue situe la naissance du sauveur de Mayotte « dans les entrailles de la brousse ». Ce lieu est symboliquement celui de l'authenticité. C'est le cœur de Mayotte et c'est de là que partira la rénovation de l'île pour y revenir et y aboutir en fin de compte. C'est la raison pour laquelle le personnage a tant de mal à s'en éloigner jusqu'à ce qu'il comprenne l'importance du détour par la culture qui n'est pas possible pour l'analphabète :

---

[66] Abdou Salam Baco, *Brûlante est ma terre*, Paris, L'Harmattan, coll. « Encres noires », 1991, p. 110.
[67] *Ibid.*, p. 84.

> Tu crois que moi j'ai choisi d'être analphabète ? On dit que le destin de tout un chacun est tracé d'avance, mais le mien, je crois que c'est mon père qui l'a tout tracé ; ayant sans doute une mauvaise opinion de ceux qui envoient leur fils à l'école, il m'a gardé avec lui pour prendre soin du cheptel. Alors voilà, je sais où est ma place maintenant dans la société : au bas de l'échelle.[68]

À ce stade du texte, la nature est perçue comme un lieu qui, s'il est habité par un homme, ne peut l'être que par un homme inculte. C'est le cas de l'un des camarades du protagoniste dont le destin est de garder des animaux parce qu'il ne connaît pas l'alphabet, ce qui l'empêche de lire et d'écrire. Mais pour le personnage principal, la nature a un autre sens et le goût de la nature, c'est-à-dire de la brousse, ne devient clair qu'au moment où ce lieu est quitté et perdu :

> Pour se rendre à Dzaoudzi, il fallait en utiliser au moins cinq [moyens de transports] : fouler tout d'abord une importante surface latérique, traverser ensuite une baie en pirogue, juste le temps de souffler et d'admirer la beauté du paysage qui vous entoure.[69]

Le nom du personnage apparaît pour la toute première fois au moment crucial où va s'opérer le passage d'un espace à un autre, passage invisible, bien que ressenti de façon néfaste, et dont l'enjeu va s'éclaircir au fur et à mesure de la découverte des valeurs et de la multiplication des lieux : « Abdou, demain matin tu iras à l'école ».[70]

L'opposition entre ville et campagne est impropre à rendre compte de la structuration de l'espace dans le livre, de même que celle entre nature et culture. La bipolarisation de l'espace s'effectue d'abord comme suit : d'un côté les espaces positifs (la maison, la nature, la plage, la forêt), de l'autre les espaces négatifs (l'école, la ville,

---

[68] *Ibid.*, p. 69.
[69] Abdou Salam Baco, *Brûlante est ma terre,* Paris, L'Harmattan, coll. « Encres noires », 1991, p. 83.
[70] *Ibid.*, p. 28.

Dzaoudzi - « le vrai motif de notre refus était que nous nous sentions perdus dans cette ville bruyante, cette ville dont la mauvaise réputation dépassait notre entendement »[71] -, Mamoudzou, le collège). La raison en est que l'opposition entre nature et culture est faussée dans un texte où la nature est le lieu de la maison ainsi que ce qui l'entoure. C'est un espace de culture au double sens de ce qui nourrit le corps et l'âme. À cet espace s'oppose un espace scolaire perçu comme un espace d'ensauvagement à cause du comportement des maîtres principalement. Tout au long du chapitre VIII, l'école est appelée une « prison sans barreaux ». C'est depuis cet espace dans lequel il ne veut pas rentrer que l'auteur contemple désormais la nature : « claustrés dans ce bâtiment, nous contemplions le paysage merveilleux de Dzaoudzi à travers les fenêtres. »[72] L'opposition entre la ville et la campagne ne fonctionne pas beaucoup mieux parce que la campagne est ici spécifiquement une brousse. Pour un Européen, la nature est l'endroit dans lequel il n'y a pas d'hommes et la campagne l'endroit où l'on se retire de la ville. Il s'agit d'une reconstruction *a posteriori*. À Mayotte, la brousse est le lieu naturel primordial dans lequel l'homme est en accord avec lui-même ainsi qu'avec son environnement. Dans cet espace, l'école comme la ville sont deux intruses émanant d'une civilisation qui vient du dehors avec d'autres codes qu'elle impose.

Le paysage est donc investi d'une valeur polémique confirmant les thèses de l'auteur :

> Le soleil avait disparu derrière une forêt de mangroves. Un vent léger caressait nos visages. De notre retraite nous entendions le déferlement paisible des vaguelettes sur la plage. Les premières lueurs du couchant envahissaient peu à peu la mer.[73]

Cette description d'un coucher de soleil est idyllique, car le vent ni la mer n'agressent l'homme, bien qu'elle succède à un discours dont le

---

[71] *Ibid.*, p. 28
[72] *Ibid.*, p. 116.
[73] *Ibid.*, p. 58

but est de mettre mal à l'aise les « wazungu » qui considèrent l'île de Mayotte comme un paradis doudouiste.

Il n'y a pas, à proprement parler, de « pacte autobiographique » dans *Brûlante est ma terre* ; et ce récit se présente comme celui d'une vie ordinaire. Le seul pacte est le titre qui donne une clé de lecture. En effet, le caractère important de la terre qui rapproche le père, qui est en-dessous, et le fils, qui est au-dessus, est crucial, de même que la brousse est le lieu où l'on marche pied nu sur la terre rouge tandis que la ville est le lieu où l'on marche avec des chaussures sur l'asphalte. Le titre d'Abdou Salam Baco ne surprend guère. Il convient néanmoins de chercher à en saisir le fonctionnement et l'originalité. L'expression « ma terre » réduit le monde à un endroit précis, celui où l'homme, tel un arbre, plonge des racines invisibles dans le sol. Pour Abdou Salam Baco, il s'agit de l'île de Mayotte. Le déterminant possessif n'est pas à comprendre de façon matérialiste comme le lien qui unit le propriétaire à sa propriété, mais bien plutôt comme celui qui unit le paysan au champ qu'il laboure en lui permettant de vivre. En ce sens, ce n'est pas l'homme qui possède la terre, mais bien plutôt la terre qui possède l'homme dont elle assure la subsistance. Les récits de création soulignent que l'homme est fait d'une terre à laquelle Allah a insufflé la vie. L'adjectif « brûlant » renvoie de façon immédiate au climat et, dans cette optique, l'adjectif brûlant est le synonyme hyperbolique de chaud. Mais cet adjectif n'est pas relié au soleil qui en est la source, sinon à la terre qui absorbe la chaleur ainsi qu'aux hommes qui la subissent. Abdou Salam Baco, en tant qu'homme, subit cette chaleur, surtout lorsqu'il est enfant : « le soleil avait déjà fait la moitié de son parcours. La chaleur devenait de plus en pénible à supporter »[74]. Mais, en tant qu'auteur, il semble capable de puiser de la terre l'énergie de la chaleur pour la transformer en une création dans laquelle il exprime sa colère face à un état du monde qui ne le satisfait pas. La compréhension métaphorique du texte est donc essentielle : la terre brûlante est la source de chaleur d'un auteur au tempérament de feu.

---

[74] *Ibid.*, p. 58.

Brûlante est ma terre se présente comme une autobiographie naturelle dans laquelle le passage de l'eau au feu se fait selon une harmonie des contraires. L'étude du caractère autobiographique du récit invite à l'étude de la nature qui en crypte les enjeux fondamentaux. Après avoir vérifié la validité de l'hypothèse d'une lecture autobiographique à l'aune des thèses de Philippe Lejeune, la spécificité de l'espace insulaire, personnifié par l'auteur, invite à envisager, au sens premier, les paysages, parce que l'identité et l'emplacement sont reliés. Le spectacle de la nature livre à l'enfant l'intuition de sa force future, une force liée au sol sous le double aspect de cet endroit naturel qu'est la brousse et de cette « terre (…) brûlante » qui renvoie au caractère de l'auteur. La nature est donc l'horizon d'attente, au sens le plus géographique du terme car elle révèle à l'enfant la nécessité d'attendre que la force lui permette d'élargir un horizon qui reste toujours borné car l'horizon infini des romantiques est le renversement complet du sens étymologique de la ligne où le regard se termine[75]. Le sentiment de la nature est moins, pour Abdou Salam Baco, la projection factice de ses sentiments sur la nature que son inspiration par une nature qui le révèle à lui-même tant dans ses forces que dans ses faiblesses, selon le mécanisme auquel Bachelard donne le nom de « narcissisme cosmique ».

Références

Abdou Salam Baco, *Brûlante est ma terre,* Paris, L'Harmattan, coll. « Encres noires », 1991.

Aimé Césaire, *La Poésie*, Paris, Seuil, 1994.

Gaston Bachelard, *L'Eau et les rêves. Essai sur l'imagination de la matière,* Paris, José Corti, 1941.

---

[75] C'est le renversement de sens qu'étudie Michel Collot dans l'introduction de deux essais intitulés *L'Horizon infini*.

Jacques Chevrier, *Littérature nègre*, Paris, Armand Colin, 1974.

Jean Bodel, *Le Jeu de Saint-Nicolas*, Genève, Droz, 2008.

John Ruskin, *Modern Painters,* London, David Barrie, 1987.

Michel Collot, *L'Horizon infini*, Paris, José Corti, 1988.

Nassur Attoumani, *Les Aventures d'un adolescent mahorais,* Paris, L'Harmattan, « Lettres de l'océan indien », 2006.

Philippe Lejeune, *Le Pacte autobiographique*, Paris, Seuil, coll. « Points essais », 1996.

Espace diégétique, facteur de significations de la fiction romanesque de Sony Labou Tansi

Charles Yaovi Mensah Kouma
Lycée Paul EMANE EYEGHE
Libreville, Gabon

Abréviations : SLT : Sony Labou Tansi ; RDC : république démocratique du Congo ; LVD : *La vie et demie* ; LEH : *L'Etat honteux* ; LAP : *L'Anté-peuple* ; LSSLL : *Les sept solitudes de Lorsa Lopez* ; LYV : *Les yeux du volcan* ; LCD : *Le commencement des douleurs*

Le principal dessein de SLT, avoué sans ambages dans les avertissements qui précèdent ses œuvres de fiction, dans ses articles publiés dans les journaux ou les revues et dans ses interviews, est de conscientiser le lecteur sur le fait que nous appartenons à une époque où « l'homme est plus que jamais résolu à tuer la vie[1] » : « J'écris, ou je crie, un peu pour forcer le monde à venir au monde... J'estime que le monde dit moderne est un scandale et une honte, je ne dis que cette chose-là en plusieurs "maux"[2] ». Dès la publication de son premier roman, il se plaint de l'interprétation que des critiques en donnent et recommande que ces derniers le relisent :

> J'ai l'impression qu'à propos de ce livre tout le monde s'est foutu dedans. On s'empresse de dire : C'est un livre sur les dictatures africaines. A tous je dis : relisez ! En fait, *La vie et demie* est un livre sur la vie. La vie que nous avons cessé de respecter. La vie que

---

[1] LVD, in « Avertissement », p.9.
[2] LEH, in « Avertissement ».

notre génération n'arrivera peut-être pas à transmettre aux générations futures[3].

L'auteur, à notre sens, expose ici une préoccupation écologiste assez originale dont le lecteur doit se servir comme une boussole pour adopter une forme d'approche éco-critique. Alors que selon Lawrence Buell une telle rhétorique interprétative devrait garder le point de vue de l'environnement[4] et que Cheryll Glotfety l'axerait sur la terre[5], SLT semble l'orienter vers la vie, entendue comme négation de la mort et du nihilisme, et il serait intéressant de l'adopter comme le gouvernail d'une rhétorique interprétative sur ses œuvres romanesques. Il ne s'agit pas de considérer tout simplement notre corpus, constitué de ses six romans publiés de 1979 à 1995, comme un « texte environnemental[6] » mais de prêter attention au sort qui y est réservé à toute vie, en commençant par celle de l'homme dans son environnement. Notre lecture devrait nous pousser à aborder les textes autrement en nous démarquant de la rhétorique interprétative traditionnelle qui privilégie souvent l'intrigue au détriment de l'étude de l'espace comme le reconnaît Audrey Camus : « Parce que l'intrigue occupe toujours le devant de la scène romanesque et que le temps est consubstantiel à la narration…[7] » Nous nous proposons d'adopter une attitude « éco-centrique » en prenant l'espace diégétique comme notre principal et exclusif objet d'étude au lieu de continuer à le considérer comme une simple toile de fond, un décor relevant du circonstanciel, n'ayant donc qu'une valeur secondaire. C'est en restant dans la trajectoire de cette option que nous tenterons de répondre

---

[3] Cité par Jean-Michel Devésa dans *Sony Labou Tansi, écrivain de la honte et des rives du Kongo,* Harmattan, 1996, p.263.

[4] Lawrence Buell, *Writing for endangered world: literature, culture, and environment in the U.S. and beyond*, Harvard Univ. Press, Cambridge, 2001.

[5] Cheryll Glotfelty, Introduction : Literary studies in an age of environmental crisis, in The ecocriticism reader, Univ. of Georgia Press, Athènes & Londres, 1996

[6] Nous faisons ici allusion aux quatre critères établis par L. Buell qui permettent de reconnaître le texte environnemental (Walden de Henry Thoreau, 1995).

[7] Audrey Camus, « Espèces d'espaces : vers une typographie des espaces fictionnels » in *Topographies romanesques,* PUR & PUQ, 2011.

aux questions suivantes : que désigne l'espace diégétique dans son identification et que signifie-t-il dans sa configuration ? Comment s'exprime et s'explique son état de conservation ou de dégradation ? Quel est le sort qui y est réservé à la vie ? Pour mieux y répondre, nous parcourrons les textes et recourrons parfois à des tableaux récapitulatifs pour présenter les résultats de nos analyses.

Certes, notre approche éco-critique ne s'éloigne pas d'une lecture attentive aux interactions entre l'homme et son environnement non humain. Cela en induit que l'étude de l'espace implique les autres composantes de l'univers diégétique : elle requiert d'évaluer l'incidence du temps, des personnages et de leurs actions ou des événements des intrigues sur l'espace. Mais dans cette démarche, c'est, à notre sens, à l'aune de la vie, du sort réservé à la vie sur terre[8], que se mesure la dimension écologique des textes. L'environnement est d'autant plus protégé que les facteurs de promotion de la vie y sont réunis. C'est pourquoi, après avoir identifié le cadre spatial et évalué sa vitalité, nous étudierons son état de conservation, les causes et les conséquences de ses altérations ou de ses réaménagements.

Un cadre spatial allusif

Le terrain d'élection de l'essentiel des intrigues diégétiques de la fiction romanesque de SLT est celui d'espaces « localisés dans la géographie attestée[9] » de l'Afrique équatoriale et de l'Europe occidentale. Puisque « plusieurs possibilités s'offrent en fait à l'écrivain désireux d'implanter sa fiction dans la réalité »[10], tantôt notre écrivain opte pour « la reproduction » en ancrant le récit dans des lieux référentiels attestés, tantôt il intègre « dans sa fiction un lieu réel, souvent intimement connu de lui et que, pour quelque raison, il préfère rebaptiser[11] ».

---

[8] Il ne s'agit pas seulement de la vie humaine mais aussi de celle de tout le règne animal et du règne végétal.
[9] *Ibid*, p.35.
[10] *Ibid*., p.37.
[11] *Ibid*., p.37.

D'une part, il cache bien son jeu - dans la majorité de ses romans - en attribuant à de nombreux lieux du « monde zéro[12] » des toponymes fictifs. Dès le premier, LVD, il plante le décor pour les cinq autres qui ont suivi. Il s'agit de l'Afrique équatoriale dont on sait qu'elle est bordée à l'ouest par l'Atlantique, qu'elle compte de nombreuses villes côtières, des lacs, une forêt dense, le bassin du Congo, riche en ressources naturelles et que la majorité de ses pays (le Congo, la RDC, l'Angola) a été éprouvée par des guerres. Nous récapitulons dans le tableau 1 quelques correspondances plausibles entre l'espace fictif et cet espace référentiel.

---

[12] Ibid., p.34. L'expression fait allusion ici à l'espace référentiel de l'Afrique équatoriale et signifie le monde à l'origine du repère. Elle est d'Audrey Camus, ibidem, p.34.

Tableau 1

Œuvres	Toponymes des espaces fictionnels	Correspondants plausibles du monde zéro	Indices justificatifs des correspondances
La vie et demie	Katamalanasie	RDC ou région des grands lacs Bas Congo	Pygmées (pp.55, 88-101); source du Nil et région des lacs (p.187)
	Yourma ou Félix-Ville	Kinshasa	Démographie de 5 millions d'habitants (p.176)
	Darmelia, la petite province de Yokam ou la région maritime	Katanga ou Bas Congo	Région forestière (pp.87-89,158) ; « région maritime » ou « région côtière » (pp.42-43) ; guerre civile (p.82) ; guerres de sécession (pp.174-175).
L'Etat honteux	Zamba-Town	Kinshasa	La capitale ; résidence du président Martillimi Lopez
	Le pays dont Zamba-Town est la capitale	RDC	Peuple de « quarante millions » d'habitants (p.126).
	Le fleuve		Fleuve « Rouviera Verta » (p.21).
	Congo et Zaïre, Angola	Congo, RDC, Angola	« Congo français » ou « Congo belge », « Angola portugais » (p.115) ; le match de football « Congo-Zaïre » (p.46).
	Le fleuve	Le fleuve Congo	« Majestueux fleuve.. » (p.117) ; « Le fleuve, ici, on l'appelait Congo, là-bas Zaïre » (p.127).
L'Anté-peuple	Première ville anonyme au bord du fleuve	Kinshasa	Chant de Tabu Ley en langue lingala (p.15) ; université de Lovanium (p.14), évocation d'un partisan de Lumumba (p.14), de la monnaie zaïre et de l'orchestre « Tout puissant OK Jazz » (p.34)

		Seconde ville anonyme au bord du fleuve	Brazzaville	Ville après la traversée du fleuve
Les sept solitudes de Lorsa Lopez		Les villes de la côte comme Valancia et de l'arrière pays comme Nsanga-Norda	Brazzaville, Pointe-Noire, Luanda, Huambo, Benguela, Lubango, Kinshasa, etc.	Les Pygmées (p.59), l'Atlantique (p.193) Le cri de la « falaise » (p.13 voir passim) on dirait celle qui surplombe la ville de Lubango.
Les yeux du volcan		Hozanna	Brazzaville et région d'Afrique centrale	Anthroponymes comme « Tchicaya » (p.61) qui est celui des Vilis qu'on trouve au Congo et au Gabon ; « Bongo » « Mpemba » ou « Makaya-Makaya » (pp.89-90). Toponymes comme « Pointe-Rouge » (p.136) qui est une allusion à Pointe-Noire ; chants en langues lari, kikongo ou lingala (pp. 136, 153-155)
Le commencement des douleurs		Hondo-Noote	Pointe-Noire ou toute autre ville côtière d'Afrique équatoriale	L'Océan Atlantique (pp.92, 96 voir passim) ; « les plus anciens rameaux généalogiques des Kongos » (p.133) « les pays Kongo » (p.129), les « gens de Wambo » (p.93) « au large de Wambo » (p.100)

D'autre part, des pays comme la France et la Belgique y sont présentées comme l'espace d'où sont originaires des néocolonialistes. Toutes deux incriminées, l'une d'elles est désignée par « la puissance étrangère qui fournissait les guides ». Non seulement cette synecdoque périphrastique personnifie le territoire et en dit long sur ses manœuvres néocolonialistes, mais le pays désigné est considéré comme le principal commanditaire de guerres fratricides. C'est de cette force occulte, qui catalyse et téléguide les événements cruciaux de la fiction romanesque, que dépend en partie le sort réservé à un espace diégétique riche et débordant de vie. Dans LEH, le président Martillimi Lopez accuse les expatriés en citant certains pays occidentaux :

> …vous les expatriés qui soutenez honteusement la rébellion… ; d'ailleurs monsieur le diplomate en chef de l'ambassade de Belgique et toute sa « flamanterie » sont-ils là ? Allez me fermer votre diplomatie, allez me la fermer sans délai… l'Italie aussi a trempé dans les élucubrations nationalitaires de Cataeno Pablo[13].

Il renchérit sur l'idée en faisant allusion à la Belgique :

> …les « Flamants » taisent très mal leur intention de me gommer pour donner le pouvoir à mon frère honteux Cataeno Pablo, les Français aussi ont choisi leur homme…qu'ils sachent que jamais de la vie le pouvoir du peuple que j'incarne ne sortira de ma hernie pour aller se balader au Quai d'Orsay et revenir chuter sur la tête d'un chien comme Cataeno Pablo… [14].

La victime de ce néocolonialisme reste l'Afrique équatoriale.

À l'époque précoloniale, s'y sont établis les royaumes Ngola, Kongo, Loango, Makoko, Kuba, Luba et Kazembé[15]. Dans LAP, des personnages déplorent sans doute sa balkanisation : « Pour se taquiner, on usait de mots comme « Congo français » ou « Congo belge », « Angola portugais »…[16] » Évoquant le fleuve qui sépare les deux capitales les plus proches du monde, le narrateur l'interpelle : « Majestueux fleuve ! Nous t'appelons Congo. Nous t'appelons Zaïre, mais toi, comment tu nous appelles?[17] »

---

[13] LEH, p. 25-26.
[14] *Ibid.*, p.120.
[15] L'un de ces royaumes précités est, dans LEH, brièvement évoqué par le griot du personnage principal : « il lui raconte l'histoire de Lukenso Douma, fondateur d'un royaume qui englobait l'actuel Congo, l'actuel Zaïre et l'actuel Angola » (p.14).
[16] LAP, p. 115.
[17] *Ibid.*, p.117.

Si l'espace diégétique est localisé, l'auteur le nomme et le recrée à sa guise en y installant par exemple des monuments, des immeubles ou des villes « délocalisés[18] ». Le lecteur doit se contenter de quelques indices pour reconnaître « le monde zéro » tant la circonscription donnée est vague, voire inexistante, rendant évasive toute situation topographique et imperceptibles les frontières. Les Pygmées, véritables nomades de la sylve africaine, rejettent[19] dans leurs déplacements la notion de frontière et de distinction entre États et cette absence de délimitation territoriale autorise le lecteur à la représentation de l'espace diégétique à l'aune de son intuition. Le refus de restituer dans la fiction, pourtant inscrite dans des « espaces localisés[20] » de la période postcoloniale, les toponymes et les frontières de pays attestés par la réalité, est un moyen pour l'auteur de contester les frontières héritées de la colonisation et maintenues par des régimes dictatoriaux fantoches et surtout de rappeler l'unité culturelle des peuples de la région. André Ntonfo confirme cette opinion en se référant à des propos de SLT tenus dans la revue *Notre Librairie*[21] et en relevant des indices qui font que le pays du colosse et de Benoît Goldman ne soit pas seulement le Congo : « L'anonymat géographique que respecte l'auteur dans son roman s'agissant du pays cadre de l'action, tient précisément à la volonté de transcender les

---

[18] Audrey Camus, *op. cit.,* p.38.

[19] Dans une conversation entre Chaïdana-aux-gros cheveux et le Pygmée Kapahacheu, la première, consciente de l'existence des frontières et conditionnée pour les reconnaître, représente le monde moderne néocolonial tandis que le second, réfractaire à toute reconnaissance de ces frontières, appartient encore à un monde ancien précolonial :
«- ... ils ont mis des frontières jusque dans les jambes des gens ?
- Frontières ?
- Limites. Pour séparer. Il faut séparer, tu comprends ? », LVD, pp.96-97.

[20] *Ibid*, p.37.

[21] Interrogé sur la vitalité littéraire du Congo reconnu comme un tout petit pays, SLT répond : « On pense que le Congo est un petit pays parce qu'on n'en connaît pas les véritables frontières coloniales, et l'on ne voit pas les frontières sous-jacentes que sont les frontières culturelles », in *Notre Librairie*, « Littérature Congolaise », n° 92-93, p.10.

frontières congolaises pour embrasser toute la sous-région[22]. » Pour remettre en cause ces marques spatiales de division et les faire apparaître comme des mesures imposées de l'extérieur qui ne peuvent être soutenues et entretenues que par des sbires à la solde de néocolonialistes, les personnages ont recours à la dissimulation de leur identité par de faux papiers[23], dont l'occurrence est d'ailleurs abondante et systématique d'une œuvre à l'autre, comme pour frapper d'illégitimité le tracé des frontières et les régimes politiques installés.

Des forêts débordantes de ressources naturelles et de vitalité

L'espace diégétique principal, que le romancier situe en Afrique équatoriale, a le mérite de refléter en filigrane son « monde zéro ». Dans LVD, la caractéristique spatiale sur laquelle l'auteur insiste à répétition est bien la forêt située dans la région de Darmellia et mise en opposition avec la savane dont on ne relève d'ailleurs qu'une seule occurrence dans le dernier chapitre[24]. Mais Yourma localisé dans la savane à la fin de l'œuvre est au départ un village de forêt construit par des ancêtres du Guide Providentiel : dans un passé lointain, ils « abattaient la forêt pour construire la toute première version d'un village qui devait devenir Yourma la capitale[25] ». C'est dire que cette savane même est le résultat d'un processus de déforestation qui n'a pas encore touché Darmellia, « la région forestière[26] ». Ses pays voisins étant « la Katamalanasie, le Manoupata, le Bangaliana et le

---

[22] André Ntonfo, « Espace et signification dans Les yeux du volcan », in *Sony Labou Tansi ou la quête permanente du sens*, Actes du colloque international tenu à Brazzaville les 13, 14 et 15 juin 1996 avec le concours de l'Union Européenne, Programme Culturel Régional Bantu, sous la direction de Mukala Kadima-Nzuji, Abel Kouvouama et Paul Kibangou, L'Harmattan, 1997, p.157.
[23] Dans LVD, Chaïdana en est à sa 93ᵉ identité (p.53) et on relève à ce sujet d'autres occurrences aux pages 69-71.
[24] LVD, p.186.
[25] *Ibid.*, p.14.
[26] *Ibid.*, p.158.

Takou[27] », bien distincts de ceux de la Katamalanasie qui sont eux aussi présentés comme une zone forestière. Il faut en inférer que ce n'est point du côté de cette partie, qui fera sécession plus tard, que se trouvent les frontaliers : « Géographiquement la forêt appartenait à trois pays frontaliers… Katamalanasie… Pamarachi… Chambarachi[28]. » Tout le territoire au départ est donc constitué de forêt dont les Bantous, en contact avec les Occidentaux, auraient transformé une partie en savane, repoussant les Pygmées dans les forêts résiduelles.

En plantant le décor dès la première œuvre du corpus, l'auteur met en exergue les richesses des forêts, dont celles de la forêt « des Léopards[29] », et de sa clairière « Boulang-outana[30] ». Elles ne sont pas faites seulement de ressources minières exploitées : « Jean Calcaire commença à exploiter avec une compagnie belge le fer, le plomb, l'aluminium et l'uranium de Darmellia[31]. » On y trouve aussi des ressources aussi étranges que « la pierre qui gardait les voix et les sons depuis des milliards d'années[32] », des essences dont les prodigieuses vertus[33] ne sont connues que des Pygmées : « Les parents de Kapahacheu avaient été chasseurs, mangeurs de feuilles, et possédaient la science des sèves comme personne ne l'avait jamais possédée…[34]. » Aussi la forêt a-t-elle sa propre météorologie qui est intimement liée à la pluie : Martial Layisho et Chaïdana arrivent « dans la zone de la forêt où il pleut éternellement. Le bruit des gouttes de pluie sur les feuilles a quelque chose d'affolant[35] ».

Outre la luxuriance de la végétation qui atteste de la vitalité dont elles débordent, les forêts surabondent en espèces animales. En témoigne d'abord le butin de chasse de Kapahacheu :

---

[27] *Ibid.*, p.167.
[28] *Ibid.*, p.96.
[29] *Ibid.*, p.87.
[30] *Ibid.*, p.89.
[31] *Ibid.*, p.153.
[32] *Ibid.*, p.89.
[33] *Ibid.*, ces vertus sont exposées aux pages 98, 100, 101, 118.
[34] *Ibid.*, p.95.
[35] *Ibid.*, p.88.

Kabahashou prit à ses pièges sept cent quarante-deux sangliers, deux cent vingt-huit civettes, huit cent trois chacals, quatre-vingt-treize chats, quatre crocodiles, deux léopards, d'innombrables rats de toutes tailles, ainsi que quatre boas et treize vipères[36].

Ensuite les deux enfants de Chaïdana en font l'expérience : « Ils essayaient parfois d'écouter la chorale des bêtes sauvages, la symphonie sans fond de mille insectes, ils essayaient d'écouter les odeurs de la forêt comme on écoute une belle musique[37]. » Cette même vitalité se retrouve dans les cours d'eau : « L'hôtel recevait en plein visage le souffle du fleuve et les senteurs de l'autre rive. L'hymne des grenouilles continua jusqu'aux dernières heures de la matinée[38]. » Avec l'Abbé Pygmée, elle s'investit d'une atmosphère paradisiaque :

> Ce soir-là, Monsieur l'Abbé marchait. Le soleil avait fini de se coucher, les voûtes que ses rayons avaient tachées quelques instants auparavant passaient de leur vert cru au bleu tendancieux de la nuit tropicale. Les insectes, mille lucioles phosphorescentes, écloraient en étranges nids de lumières. Ici pouvait bien être le paradis, pensait Monsieur l'Abbé. Ici Jérusalem et consorts. Dieu y aurait plus de place[39].

Récapitulons dans le tableau 2 quelques ressources naturelles de cet espace diégétique.

---

[36] *Ibid.*, p.93.
[37] *Ibid.*, p.89.
[38] *Ibid.*, p.43.
[39] *Ibid.*, pp.104-105.

Tableau 2

Œuvres	Ressources naturelles relevées	
La vie et demie	Forêt	La flore (pp.88 ; 95-96 ; 98 ; 100-101 ; 118 ; 158)
		La faune (pp.89 ; 93)
	Fer, plomb, aluminium et uranium (p.153)	
L'Etat honteux	Uranium et produits de pêche (p.73-74)	
	Pétrole (pp.74, 137 ; 156)	
Les sept solitudes de Lorsa Lopez	Pétrole, produits de pêche, mines d'or et les phosphates (p.37)	
Les yeux du volcan	Pétrole (p.7)	
Le commencement des douleurs	Produits de la mer comme les baleines « un bataillon de baleines » p.92	

La forêt ainsi décrite comme luxuriante, débordante de ressources naturelles, de vie animale et végétale confirme par sa fonction réaliste l'inscription de l'imaginaire romanesque de l'auteur en Afrique équatoriale. Les prodigieuses et parfois insoupçonnables richesses que recèle cette région symbolisent le règne de la vie mais justifient aussi la convoitise dont elles font l'objet et les conflits qu'elles engendrent. En période postcoloniale, les Pygmées restent encore leurs principaux protecteurs. Ces richesses sont souvent confisquées par le pouvoir politique qui les fait exploiter. La forêt devient vite un lieu de conflit entre Pygmées et Bantous, résistants autochtones et envahisseurs étrangers. Les uns tiennent à préserver leur mode de vie et leur environnement tandis que les autres cherchent à dominer. SLT laisse comprendre que la préservation de cet environnement ne saurait faire l'impasse sur le sort des Pygmées, ses meilleurs connaisseurs et défenseurs. Les Bantous sont en général des citadins et perçus comme des prédateurs peu écologistes, les continuateurs du mode de vie des ex-colons.

Les villes et leurs infrastructures

La réplique de la forêt et de ses richesses naturelles s'observe à travers le luxe et la surabondance de palais ou de monuments dans la ville. La majorité des actions y ont lieu, rendant ainsi les récits plus iliadéens qu'odysséens ou sursitaires[40]. Outre celles qui sont nommées, souvent par des toponymes fictifs, un accent est d'abord mis sur leur grand nombre : « On avait bien construit la capitale économique, la capitale minière, la capitale du parti (au village natal d'Henri-au-Cœur-Tendre), la capitale bananière, la capitale de la bière, la capitale du ballon rond…[41] » Ensuite est mis en lumière le faste de leurs immeubles, de leurs monuments et de leurs infrastructures modernes : les occurrences les plus récurrentes concernent des palais présidentiels, des villas, des mausolées, des supermarchés sophistiqués, des immeubles ou tours culminant parfois à des centaines de mètres. Exposons-les dans le tableau 3.

---

[40] Ces termes sont de Jean Ricardou dans *Le Nouveau Roman*, Editions du Seuil, 1973, 1990, pp.114-115. S'interrogeant sur « le principe unificateur apte à opérer une mise ensemble des événements de manière à former un récit », Jean Ricardou estime qu'on devrait s'appuyer sur « un mobile se déplaçant dans un système spatio-temporel ». En référence à *L'Iliade* d'Homère dont les événements se déroulent au même lieu, à savoir Troie, il qualifie d'iliadéens, les récits dont la variation de l'Espace est nulle. Au cas où c'est plutôt la variation du Temps qui est nulle et tous les événements sont simultanés, nous sommes en présence d'un récit sursitaire, en référence l'œuvre de Jean-Paul Sartre, *Le Sursis*. Le principe unificateur de L'Odyssée d'Homère étant son personnage principal Ulysse et son voyage de retour à Ithaque, est odysséen tout récit dont l'unité des événements est assumée par un même personnage ou un même objet.

[41] LVD, p.114.

Tableau 3

Œuvres	Villes	Monuments et immeubles
La vie et demie	Yourma devenu Félix-Ville Chaïdana-city et Darmellia-town (p.105) Zoka-Vourta (p.173	Quatre Saisons, plus grand magasin de la capitale (p.11-12). Maguistra et ses succursales. Palais de la cinquième Saison (p.85). L'hôtel la Vie et Demie (p.70 voir passim) ; villa Monlac (p.50); l'aéroport privé de Zouanhahatan (p.63)
L'Etat honteux	Zamba-town Zama Yambi-city	Cités du pouvoir et palais présidentiels, la cathédrale Maman-Nationale (p.96).
L'Anté-peuple	Deux villes anonymes séparées par le fleuve Congo	Villa de Marti Mouyabas
Les sept solitudes de Lorsa Lopez	Valancia Nsanga-Norda Valtano Tombalbaye	39 Mausolées ; arcs de triomphes ; 15 arcs de triomphe ; 9 tours de Babel, 12 mosquées etc. (pp.14-15) Le bordel de 35 étages (p.161) La citadelle de 437m de haut (p.150)
Les yeux du volcan	Hozanna (p.128 voir passim), Nsanga-Norda, Vasière et Tombalbaye (p.129), Hondo-Norte (p.106) ; Idiana (p.83), Valancia et Westina (p.70) Baltayonsa (p.138) ; 93 villes traversées par le Colosse, la Côte (p.82 voir passim)	Villa Samany (p.8) ; Villa des Argandov (p.190)
Le commencement des douleurs	Hondo-Noote et les villes de la côte	La tour Effassar de 92 étages (p.97); L'île artificielle du savant Hoscar Hana p.90

Les propriétaires ou bénéficiaires de ces immeubles sont souvent les hommes de pouvoir. En cela, l'auteur montre que l'autorité politique postcoloniale accapare toutes les richesses pour se donner les moyens de son hégémonie : établie en ville, elle s'octroie un train de vie élevé pour « faire la vie ». Les édifices fastueux, souvent en contraste flagrant avec la pauvreté des populations, sont un moyen d'intimidation et de domination qui la hissent sur le piédestal des dieux.

Si, comparées au monde référentiel, les forêts et leurs ressources naturelles sont à peu près conformes à la réalité, bon nombre des infrastructures des villes de la fiction romanesque, comme la « tour Effassar, neuf siècles d'existence posés sur cent mille tonnes de granit cru, quatre-vingt-douze étages, mille soixante-seize pieds d'envergure »[42], l'île que le savant Hoscar Hana fait germer de l'Atlantique[43] ou la citadelle haute de 437 mètres[44], sont délocalisés et apparaissent comme des châteaux en Espagne. Tout est fait pour construire un espace qui en impose. Mais quel sort est-il réservé à ces paradis terrestres?

Foyers de tensions et dégâts écologiques

Ces milieux urbains et ruraux de l'univers diégétique, malgré ou plutôt à cause de leur opulence, deviennent vite le théâtre de tensions, de rivalités et de guerres qui les métamorphosent en enfer[45]. Ces situations conflictuelles sont omniprésentes dans chacune des œuvres du corpus et s'observent par la récurrence de maquis, de « guerres démocratiques »[46] ou de sécession, de mutineries, de rébellions, de protestations réprimées ou de menaces de coup d'État qui plane comme une épée de Damoclès. Dans LVD, est assez perceptible l'opposition entre ville et campagne, bantous et pygmée, quartiers riches et pauvres, hommes de Martial et guides providentiels,

---

[42] LCD, p.97.
[43] Ibid., p.92.
[44] LSSLL, p.151.
[45] Dans LVD, ce terme attribué aux lieux de désastre et de souffrance est sans cesse répété aux pages 120, 173 voir passim.
[46] L'expression figure dans LYV.

Chaïdana ou Chaïdana aux gros-cheveux et leurs victimes, Darmellia avec ses « chaïdanisés » et autorités de la Katamalanasie ou de « la puissance étrangère qui fournissait les guides ». Martillimi Lopez est dans LEH régulièrement confronté à des rébellions qu'il doit faire réprimer : « Pendant cinq ans, il dirigea la nation et les frontières avec les Mihilis qui se sont soulevés à l'Ouest, ah! Carvanso va leur donner la leçon de ma hernie ; les Bhas refusent de payer les impôts de sacrifice, va leur distribuer ma palilalie, le Bozhos se soulèvent au Sud, Carvanso, va donc les maudire! A vos ordres mon colonel[47]. » Ce qui est frappant, c'est le nombre de maquis ou de chefs rebelles auxquels il doit régulièrement faire face : Cataeno Pablo qui est « allé dans le maquis avec Laure et sa maman[48] », « les communistes[49] », Ayélé Ayoko Tite[50] ; Camizo Diaz[51], le Cardinal Dorzibanso[52], etc. LAP met en scène d'une part la rivalité entre les deux cousines Yavelde et Yealdara qui a abouti à l'incarcération puis à la destruction du foyer conjugal de Dadou et d'autre part le conflit opposant la forêt, où sont retranchés des rebelles, et la ville. Dans LSSLL, cet antagonisme se présente en termes de mangeurs de poisson contre mangeurs de viande, villes de la côte comme Valancia contre celles de l'arrière-pays comme Nsanga-Norda. Estina Bronzario, décidée à organiser la fête du centenaire de Valancia, tient la dragée haute aux Autorités de la ville. Quant à LYV, les rebelles dont le colosse, Benoît Goldmann, Ignacio Banda, le colonel Sombro, tous restés dans le maquis pendant 46 ans[53] perturbent la sérénité des Autorités d'Hozanna. Enfin dans le dernier roman, à cause de son refus d'épouser la gamine Banos Maya, Hoscar Hana, plutôt préoccupé par ses travaux scientifiques au laboratoire, s'est mis à dos des multitudes de femmes, Arthur Banos Maya et les autorités de la ville. La

---

[47] LEH, pp.13-14.
[48] *Ibid.*, p.25.
[49] *Ibid.*, p.37.
[50] *Ibid.*, p.38.
[51] *Ibid.*, p.50.
[52] *Ibid.*, p.55.
[53] LYV, p.190.

conséquence de ces affrontements ne s'exprime pas seulement en termes d'attentat à la vie, à la chair, à la dignité humaine. Elle débouche surtout sur la souillure, la dégradation ou une destruction environnementale quasi nihiliste. La Nature est sensible aux crimes crapuleux, aux meurtres, aux incartades contre nature qui y sont perpétrés et ne manque pas de le signifier à l'homme ou de l'avertir des dangers, des désastres qui le guettent. Dans LVD, on assiste à une tentative avortée d'exécution d'un programme d'assimilation des Pygmées qui a coûté de nombreuses vies humaines[54]. Les guerres fratricides font sombrer les territoires en conflit dans une succession de désastres dont nous pouvons rapporter quelques occurrences :

> En quelques heures les mouches de Jean Calcium avaient causé autant de ravages dans le camp ennemi que n'en auraient causé dix années de guerre classique. Les Fusils de la paix avaient attaqué quinze points stratégiques à la même heure dans la même nuit du 12 avril, détruit soixante-trois ponts routiers ou ferrés, bombardé le quartier général de l'armée du guide Félix…Jean Calcium avait lâché sur Yourma, qui s'appelait maintenant Félix-Ville, une centaine de ces mouches… Elles piquaient le premier Félixvillois venu qui mourait quelques secondes après la piqûre… Deux jours après, Félix-Ville puait. Les bêtes mortes et les humains morts[55].

Les dégâts touchent avant tout la vie désormais anéantie : en ville comme dans la forêt, le règne animal et végétal est réduit en carbone, donc métamorphosé en minéral. D'abord, après que Jean Calcium eut lâché ses mouches dans toutes les villes de ses adversaires, « la seule ville de Félix-ville perdit deux de ses cinq millions d'habitants. Les animaux et les plantes piqués crevaient et devenaient carbone pur[56]. » Ensuite ce désastre s'étend à tout le pays :

---

[54] LVD, pp.102-103.
[55] *Ibid.*, pp.167-168.
[56] *Ibid.*, p.176.

La Katamalanasie fut appelée pays du carbone… il fut jeté sur la forêt plusieurs tonnes de feu et de plomb. Darmellia avait été détruite complètement… Le feu ! Les mouches piquaient. Les deux pays n'étaient plus que des cadavres qui se battaient dans le vide… Les rayons carbonisaient êtres et choses et imprimaient la radioactivité à toute matière[57].

Enfin l'apogée de ce cataclysme aux accents eschatologiques est atteint avec la chute de Zoka-Vourta et l'embrasement de la forêt de Darmellia : « La forêt aussi flambait sous les bombes ennemies…La guerre, les mouches, la chute de Darmellia, la chute de la forêt[58]. »

Dans les trois derniers romans, les tensions ou conflits débouchent sur des désastres écologiques, comme la décapitalisation de Valancia au profit de Nsanga-Norda [59], sur des assassinats d'une cruauté indicible, comme la mort d'Estina Benta et de Estina Bronzario toutes deux charcutées comme de la viande de boucherie[60], sur l'incongruité de la cérémonie du baiser immonde entre le savant Hoscar Hana et la gamine Banos Maya[61] ou sur les mesures insensées des Autorités inquiètes de la révolution en préparation et de la présence du Colosse venu vendre des crimes à Hozanna[62]. Mais la Nature, témoin privilégié du comportement humain, ne reste plus passive. Elle apparaît désormais comme une force agissante. Ainsi l'océan Atlantique venge-t-il les victimes, Valancia et Estina Bronzario, en anéantissant leur rivale coupable Nsanga-Norda :

> Une chose incroyable : la mer est venue tout prendre. Nous ne sommes plus qu'une île. Peut-être serons-nous à notre tour mangés par la mer. La falaise nous avait bien prévenus, mais nous ne sommes plus au temps où l'homme écoutait la nature. Et la

---

[57] *Ibid.*, pp.183-184.
[58] *Ibid.*, pp.187-188.
[59] LSSLL, pp.14-15.
[60] *Ibid.*, pp.27-30, 169, 1 72, 177.
[61] LCD.
[62] LYV, pp.23-24.

pauvre nature est obligée de brailler dans le vide. Vous vous rendez compte ? Avant la mort de Nsanga-Norda, la falaise s'était époumonée à crier toute la nuit. Mais personne ne l'a écoutée[63].

Il en résulte une conception animiste qui se justifie par la personnification de la nature : les intempéries sont considérées comme la colère du ciel mécontent des agissements des hommes. Ainsi, au moment précis où allaient être célébrées les noces entre le savant Hoscar Hana et la gamine, la nature intervient mettant tout en sursis et apeurant les hommes par la violence de ses abondantes précipitations. Après l'enterrement de Layisho, il y a eu 4 jours et 4 nuits de tornade tandis qu'il a plu sur les ruines de Felix-ville pendant deux mois[64]. L'anthropomorphisme de la Nature se dégage à travers les expressions suivantes tirées de LCD: « les furies de l'Atlantique »[65], « les beuglements des collines de Wanga »[66], « … le ciel entra dans un courroux inexplicable. Il commença à verser sur les préparatifs de la fête d'impossibles cordes d'eau de pleines bétonnières de grêles … [67] » et les gens priaient « afin que le ciel arrêtât de nous faire subir sa mauvaise humeur[68] ». La Nature s'exprime parfois par le séisme : Yourma subit 53 tremblements de terre après l'enterrement de Layisho et Nsanga-Norda a été « changé en lac de sang par l'explosion des collines de Houango[69] ». Parfois des falaises fument[70] ou une terrible chaleur se déclenche. A Zamba-town, il fait plus chaud à minuit qu'à midi[71]. C'est la canicule qui a fait fondre l'île artificielle du savant Hoscar Hana[72]. Prédite par l'abbé Pygmée et résultant de 11 ans de saison sèche, elle advient juste avant

---

[63] LSSLL, p.186.
[64] LVD, p.187.
[65] LCD, p.11.
[66] *Ibid.*, p.16.
[67] *Ibid.*, p.94.
[68] *Ibid.*, p.97.
[69] *Ibid.*, p.92.
[70] *Ibid.*, p.61.
[71] LEH, p.21.
[72] LCD, pp.111 ; 144.

le déluge et fait porter les températures à des degrés si élevés qu'il y a de véritables ouragans et tempêtes qui aspirent des centaines d'avions[73]. La terre aussi crie[74] et l'océan s'agite ou rejette sur ses côtes des carcasses d'animaux comme le « bataillon de baleines couchées dans les gravats et les détritus laissés par la marée. Les pauvres bêtes, au nombre de sept cents, ne respiraient plus[75] ». La conséquence naturelle de ces intempéries reste la pollution ou la souillure de l'espace. Par exemple, le narrateur se sert de l'entrée du colosse dans la ville d'Hozanna pour nous faire découvrir son insalubrité : un « essaim de guêpes rouges » attaquent « les passants à la sortie du ravin de Kankala-Yoka » et « après la pluie la colline maudite et re-maudite de Massa-Wassa envoyait au sol des gens aussi leste et aussi connus que le cardinal Clodius Tenzo[76] ». L'état de délabrement de la voirie est perceptible : les ruelles y sont rongées par « la jungle, les vents et les pluies » et des Mercedes sont « parfois enlisées dans les mares aux eaux vertes qui pavoisaient notre ville du nord au sud, dans la pourriture et les déchets ménagers, où bourdonnaient des nuages de mouches le jour, avant que des bancs de moustiques prennent la relève la nuit[77] ». A Hondo-Noote, après la pluie diluvienne qui a mis en sursis la cérémonie des noces, la ville est polluée d'immondices et est infestée de reptiles[78]. Dans les déplacements à pieds de Martillimi Lopez, « la fange lui colle au pantoufle[79] » et il découvre parfois un « tas de fumier au milieu de la rue[80] ». Pendant qu'il se prépare à accueillir le pape dans son pays, on découvre Zamba-Town dans un état de délabrement tel que Martilini Lopez décide de diriger lui-même les travaux d'assainissement :

> et il descendit dans la ville pour voir ceux de la voirie qui bouchaient les trous, qui enlevaient les immondices au milieu des

---

[73] LVD, pp.186-187.
[74] LSSLL, p.13 voir passim.
[75] *Ibid.*, p.92.
[76] LYV, p.8.
[77] *Ibid.*, p.10. Voir aussi les pages 28-29.
[78] *Ibid.*, pp.97-99.
[79] LEH, p.21.
[80] *Ibid.*, p.133.

rues, qui séchaient les marigots formés par les dernières tornades, et enterrez-moi ce chien, enlevez ce poulet mort, enlevez cette ferraille, enlevez ceci, creusez ici, bouchez par là…[81]

Il met parfois la main à la pâte : « il repartit boucher les trous dans les rues, vider les marigots, ramasser les poules mortes…[82] »

Si ces souillures et pollutions proviennent de perturbations atmosphériques, d'autres sont directement imputables à la barbarie de l'homme devenu un loup pour l'homme. À cause des crimes du Guide Providentiel l'une des salles de son palais est souillée par les vomissures[83] de ses victimes qu'il a contraintes à l'anthropophagie. Ce tapis de vomi d'un noir d'encre de Chine est le facteur de sa chute symbolique qui signifie plutôt sa déchéance. Son crime le marque à vie par le côté gauche de son visage et sa literie aussi est régulièrement salie au « noir de Martial[84] ». Cette tache noire et indélébile est celle du crime et symbole des retombées fâcheuses de ses attentats contre la vie. C'est pour les mêmes raisons que dans LEH le caca envahit toute la ville de Zamba-town en commençant par le lit et le palais de Martiillimi Lopez[85].

Lorsqu'il n'est pas la cause, fut-elle surnaturelle, de la pollution ou de la souillure environnementale, l'homme, sous son aspect cadavérique est une pollution : neuf mois après son assassinat, Carlanzo Mana n'est toujours pas enterré : « Puis le cadavre s'était remis à lâcher une odeur fétide de vieille plaie… Mais le corps attira tant de mouches et de bestioles que nous dûmes improviser un enterrement…[86] » Il convient donc de s'interroger sur les analogies entre le corps de l'homme et son environnement.

---

[81] *Ibid.*, pp.139-140.
[82] *Ibid.*, p.143.
[83] LVD, p.19.
[84] *Ibid.*, p.55.
[85] LEH, pp.56-57 ; 84-89.
[86] LSSLL, pp.142-143.

Les textes romanesques sont des récits mis en abyme où il se dégage une sorte de synonymie approximative[87] entre le corps humain et l'espace. Des relations d'équivalence peuvent être établies entre personnages et lieux. Ainsi autant Martial est torturé, charcuté et tué, autant la Katamalanasie est tronquée par les sécessions de Darmellia et de Yokam[88] avant d'être anéantie après de terribles guerres. A la hernie de 7 kilogrammes[89], chiffre climatérique qui rehausse sa puanteur infecte[90], et à la boue indélébile[91] de Martillimi Lopez, correspond le caca puant qui a envahi la capitale. La rivalité entre les deux cousines Yavelde et Yealdara annonce la tension entre la forêt, repaire des rebelles, et la ville contrôlée par les autorités. À la mort d'Estina Bronzario, femme d'honneur et fierté de toute la côte, et d'Estina Benta sauvagement tuée par son mari à cause de son adultère, font pendant respectivement les destructions de la citadelle de 435 mètres de haut et du bordel de 35 étages. Le respect et la préservation de l'environnement ne sauraient être dissociés du respect et de la protection de la vie.

Enfin l'on a l'habitude de considérer l'espace comme étant essentiellement un objet de description. Mais avec les métamorphoses subies par l'espace diégétique dans la fiction romanesque de SLT, mutations manifestées en termes de souillures, de pollutions, de dégradations ou de destructions environnementales, on se rend compte qu'il devrait désormais être pris moins dans sa dimension statique que dynamique et devenir un objet de narration dont on peut établir la situation initiale, les transformations en identifiant les agents perturbateurs et la situation finale. C'est ce que nous proposons dans le tableau 4.

---

[87] Jean Ricardou, *Le Nouveau Roman*, Editions du Seuil, 1990.
[88] LVD, p.82.
[89] LEH, p.97.
[90] *Ibid.*, pp.93; 95; 99; 146.
[91] *Ibid.*, pp.43; 45; 76; 81; 92; 109-110; 144.

Tableau 4

Œuvres	Espaces	Situation initiale	Transformation Agents perturbateur et références	Situation finale
La vie et demie	Katamalanasie	Pays forestier et paradis écologique	Guerres et sécession	Pays ayant perdu certaines parties de son territoire puis détruit par les armes et le feu ; Un enfer (p.173)
	Darmellia	Zone forestière	Guerre de sécession	Territoire anéanti
	Yourma	Village de forêt	Peuplement et guerre	Grande ville détruite
L'Eta honteux	Zamba-town	Ville non souillée	Souillée par le caca	Souillée
L'Anté-peuple	Ville anonyme	Non révélée	Meurtre de Marti Mouyabas	Ville de persécution (Insécurité pour les fous et des Catholiques)
Les sept solitudes de Lorsa Lopez	Valancia	Capitale	Décapitalisation, agrandissement et accroissement de la population grâce à sa citadelle de 437 mètres de haut (p.151) et à son « bordel de trente-cinq étages » (p.161)	Simple ville privée de ses monuments et des ses immeubles les plus attrayants
	Nsanga-Norda	Simple ville	Devenue capitale puis noyée par la mer	Anéantissement de la ville
	Hozanna	Village	Boom de la Hana Petrolium Arrivée du colosse et invasions de	« Très grande ville » (p.7) Souillées

67

			scorpions rouges (p.141) ; troisième guerre démocratique et invasion de souris rouges et de scorpions géants (p.141-142)	« senteurs des immondices » (p.190) Infestées de souris sur lesquelles tire Benoît Goldman (pp.191-192).
Les yeux du volcan				
	Tombalbaye	Ville	Première guerre démocratique	Ville déchue : faune et flore détruites (p.140)
Le commencement des douleurs	Les villes de la côte dont Hondo-Noote	Villes	Tempête (p.94-95) destruction de la tour Effassar de 92 étages (p.97); quartiers souillées ; glissements de terrains inondation souillures et pollutions (pp.98-99) envahissement de ouaouarons rouges, de grenouilles (p.99) Canicule (p.144).	Ville infestée de reptiles (ouaouarons, crapauds, couleuvres) polluée par la boue et les immondices

Conclusion

La période post-coloniale du monde zéro auquel fait allusion l'espace diégétique de l'œuvre romanesque de SLT est marquée par des guerres civiles et des tentatives de sécession. Pour réaliser le tour de force d'y faire allusion, l'auteur se montre assez réaliste non seulement en y reproduisant les mêmes situations conflictuelles mais aussi en caractérisant les biocénoses : l'environnement rural est fait de forêts denses luxuriantes, débordantes de ressources végétales, animales et minérales. Le milieu urbain pour sa part est doté d'immeubles et de monuments fastueux. Mais cet espace est sous l'ombrage d'un néocolonialisme qui y noyaute le pouvoir politique en installant et en soutenant ses hommes de mains ou en fomentant des guerres fratricides. Soumis à d'autres rivalités et aux conduites funestes des hommes et métamorphosé en foyers de tension permanente, l'espace diégétique impacté subit nécessairement des modifications. La Nature aussi, courroucée par les fréquents attentats à la vie, l'installe sur la pente de la déchéance et le fait sombrer dans le chaos. Les tournures animistes permettent à l'auteur de faire de la Nature l'être vivant par excellence. Si, commentant *Silent Spring* de Rachel Carson, Greg Garrard, lie la pollution aux modes de vie du monde capitaliste comme l'usage des pesticides[92], SLT l'attribue plutôt au non respect de la vie, anéantie dans des conflits armés ou malmenée par des dirigeants loufoques. Il lie intimement l'environnement à la vie. Protéger l'environnement c'est protéger la vie et protéger la vie c'est préserver l'environnement. Lu dans cette perspective, son texte devient la traduction romanesque d'un réquisitoire contre l'homme qui ne parvient pas à lutter contre sa « barbarie naturelle »[93] et qui s'acharne à souiller ou à détruire son environnement.

La fiction romanesque, entendue comme histoire racontée ou diégèse, se constitue de l'espace et du temps, des événements, des actes, des paroles et des pensées des personnages[94]. Les études des récits concentrent moins souvent leur attention sur l'espace. À partir de la lecture que nous avons faite sur l'espace diégétique dans notre corpus, nous distinguons une situation initiale du cadre spatial, point de repère qui permet la visibilité des modifications par rapport à une situation finale. Ces dernières sollicitent ou impliquent les autres composantes de l'univers diégétiques, désormais considérées comme des auxiliaires : ce sont les actions ou les événements de l'intrigue qui dégradent ou réaménagent le cadre spatial ; les personnages dans leurs portraits physiques constituent en eux-mêmes des espaces qui peuvent être souillés[95] ou pollués[96] ; le temps météorologique, qui

---

[92] Greg Garrard, *Ecocriticism (the new critical idiom)*, Routledge, London and New York, 2012, pp. 2-3.
[93] LEH, p.125
[94] Patrick Charaudeau et Dominique Maingueneau, *Dictionnaire d'analyse du discours*, Editions du Seuil, 2002, p.485.
[95] La hernie et la boue de Martillimi Lopez dans LEH.

peut se manifester par des intempéries, a aussi une incidence significative sur l'espace.

Références

Buell, Lawrence, *Writing for an endangered world: Literature, culture, and environment in the U.S. and beyond*, Harvard Univ. Press, Cambridge, 2001.

Camus, Audrey et Bouvet, Rachel (éds.), *Topographies romanesques*, Rennes, Presses Universitaires de Rennes en co-édition avec les Presses Universitaires du Québec, 2011.

Charaudeau, Patrick/ Maingueneau Dominique, *Dictionnaire d'analyse du discours*, Seuil, 2002.

Devesa, Michel, *Sony Labou Tansi, écrivain de la honte et des rives du Congo*, L'Harmattan, 1996.

Garrard, Greg, *Ecocriticism (the new critical idiom)*, London/New York (N.Y.), Routledge, 2012, (1999).

Glotfelty, Cherryl / FROMM, Harold (dir.), *The ecocriticism reader*, Univ. of Georgia Press, Athènes & Londres, 1996.

Kadima-Nzuji, Mukala/ KOUVOUAMA, Abel/ KIBANGOU, Paul, *Sony Labou Tansi ou la quête permanente du sens*, L'Harmattan, 1997.

Labou Tansi, Sony, *La vie et demie*, Paris, Seuil, 1979.

Labou Tansi, Sony, *L'Etat honteux*, Paris, Seuil, 1981.

Labou Tansi, Sony, *L'Anté-peuple*, Paris, Seuil, 1983.

Labou Tansi, Sony, *Les sept solitudes de Lorsa Lopez*, Paris, Seuil, 1985 (Points Roman 680).

Labou Tansi, Sony, *Les yeux du volcan*, Paris, Seuil, 1988.
Labou Tansi, Sony, *Le commencement des douleurs*, Paris, Seuil, 1995.

Ricardou, Jean, *Le Nouveau Roman*, Seuil, 1990.

Littérature orale et questions environnementales en Afrique subsaharienne. Cas du *Mutanga* chez les *Lega* de la République Démocratique du Congo

Maurice Amuri Mpala-Lutebele
Université de Lubumbashi

Étant « une longue corde à laquelle sont suspendus les objets symboliques, souvent sous une forme réduite : une écaille de pangolin, une plume d'aigle, une ébauche de pirogue, etc. »[1], le *Mutanga* constitue, chez les *Lega*[2], un texte à la fois iconographique et oral qui véhicule des valeurs socioculturelles enseignées d'une génération à une autre pour maîtriser la Nature. Tirés de l'espace naturel du *Mulega*[3], ces « objets symboliques » deviennent codes de la sagesse ou « idéogrammes » qui révèlent l'homme « comme une espèce parmi d'autres » et lui fournissent des atouts de la « gestion-maîtrise » des interactions dans son environnement. La littérature orale rentre ainsi dans le champ d'action des études environnementales.

Introduction

Parlant des solutions à apporter aux crises écologiques, Alain Lipietz précise que « parmi les 'outils' le plus souvent évoqués […], on oppose en général les modes 'réglementaires' (lois, normes) et 'économiques' (taxes, marchés de permis), et l'on évoque ensuite un 'troisième type', les accords d'autolimitation, codes de bonne

---

[1] Georges DEFOUR., *La corde de la sagesse lega*, Bukavu, Editions Bandari, sd, p. 5-6.
[2] Une des tribus bantoues à l'Est de la République démocratique du Congo.
[3] Singulier de *Balega*, signifie Homme *lega* et, par extension, Homme en général.

conduite, etc. Bref, la régulation par la 'bonne volonté', par le 'civisme' »[4]. Ce dernier « outil » est sans doute celui qui relève du reflexe instinctif d'autoconservation de l'homme vis-à-vis des phénomènes écologiques dus aux interactions dans son champ environnemental. Ce reflexe naturel de « bonne conduite » pour ainsi se protéger se pratique donc depuis que l'homme existe d'autant plus que « c'est [son] mode de vie, de production, de consommer, de [se] distraire, qui remodèle [son] environnement »[5].

En Afrique subsaharienne, dans ses traditions orales, les *Lega* développent ce « civisme », cette morale sociale, codifiée, enseignée et transmise pour faire face aux effets des phénomènes environnementaux : « habitant actuellement de vastes forêts au Centre-Est de [la République démocratique du Congo], le peuple *lega* a tout d'abord patiemment cherché les attitudes efficaces d'un comportement individuel et social apte à favoriser la vie des clans. »[6] Il a créé le *Mutanga*. D'origine animale, végétale ou autre, les objets symboliques du *Mutanga* sont alors porteurs des savoirs, des valeurs socioculturelles, du « viatique dans le cheminement existentiel » et font de lui à la fois un dispositif éducatif et un atout de bonne gouvernance environnementale.

L'homme, un élément environnemental

L'acception restrictive, et même révolue, du concept « environnement » présente l'ensemble de la Nature autour ou à côté de l'entité homme. Aussi, celui-ci se considère-t-il en dehors de celle-là, surtout dans sa dynamique d'épanouissement, de développement où la Nature est généralement vue par rapport à son action subversive et donc comme un élément à dompter absolument.

Cet entendement a heureusement évolué dans le sens de percevoir l'environnement comme :

---

[4] Alain LIPIETZ, *Qu'est-ce que l'écologie politique ? La grande transformation du XXIè siècle*, Paris, Les petits matins, 2012, p.86.

[5] Alain LIPIETZ, *op. cit.* p. 8.

[6] Georges DEFOUR, *op. cit.*, p. 3.

Un ensemble des conditions physiques, chimiques, biologiques, climatiques, géographiques et culturelles au sein desquelles se développent les organismes vivants, et les êtres humains en particulier. L'environnement inclut donc l'air, la terre, l'eau, les ressources naturelles, la flore, la faune, les hommes et leurs interactions sociales[7].

L'homme n'est plus en dehors de la Nature, il est partie intégrante de son fonctionnement, il est un élément environnemental, subissant les soubresauts des interactions des composantes du champ. Il agit et réagit dans cette coexistence mouvante, de prédation. Il se sent lié à la dégradation et/ou à l'amélioration des autres éléments environnementaux :

Une vraie révolution intellectuelle : passer de l'idée qu'il suffit de 'prélever sur l'environnement' à l'idée qu'il faut 'améliorer l'environnement' de façon à ce que, dans l'avenir, il soit plus productif. Améliorer les bêtes pour qu'elles produisent plus de lait et qu'elles fassent leurs petits au sein du troupeau. Améliorer les plantes pour qu'elles soient plus riches. C'est donc la capacité de charge du territoire qui se trouve renforcée par une première *artificialisation* de l'environnement naturel[8].

Dans cet ensemble écologique, l'homme est en effet un élément environnemental conscient dans la mesure où non seulement il s'organise socialement et politiquement, mais aussi il est doté de la capacité de concevoir, d'organiser et d'orienter une activité productrice de tel environnement :

Cette espèce [humaine] est politique, c'est-à-dire qu'elle est non seulement programmée génériquement pour vivre en hordes, en tribus, en bandes, etc., mais qu'en plus cette horde, cette tribu,

---

[7] *Toupictionnaire : le dictionnaire de politique*, en ligne, 15 mars 2012.
[8] Alain LIPIETZ, *op. cit.*, p. 59-60.

cette bande s'organise en *cité* (polis, en grec). Les individus dans cette espèce définissent alors leurs comportements et leurs activités par une délibération. Ils jugent ensemble de ce qui est bien et de ce qui est mal. [...] L'espèce humaine – seule espèce sociale et politique – donne lieu à une écologie spécifique dénommée écologie politique[9].

L'espèce humaine entreprend donc de s'armer d'un dispositif important de stratégies, d'une grande capacité d'action et de réaction dans les interactions de son environnement, d'un savoir-être qui nécessite un savoir et un savoir-faire appropriés, un système éducatif adapté aux exigences socio-économiques de son milieu. Aussi, l'École va-t-elle prendre forme, de différentes manières : en famille restreinte et élargie, en société traditionnelle dans des structures initiatiques, en corporation ou selon les classes sociales, en ville dans des structures scolaires modernes, dans les mouvements de jeunesse, associations ou mutuelles socioculturelles. Tout cela constitue des systèmes éducatifs pour conduire l'homme à la maîtrise de son environnement, à sa bonne gouvernance, la meilleure manière d'améliorer la qualité de sa vie[10] : l'écologie politique, une écologie consciente et dominatrice.

Le *Mutanga*, dispositif d'un système éducatif pour une écologie politique

À l'instar de tous les peuples, mus par le reflexe naturel d'autoconservation, c'est-à-dire par l'aspiration naturelle au bonheur, à l'épanouissement, au développement, les *Lega* se dotent, dans leur milieu traditionnel, d'un système éducatif, la meilleure source des connaissances nécessaires à l'amélioration des conditions de vie. Il s'agit d'un système éducatif qui se fonde sur le principe du collectivisme, ce dernier prônant la primauté du groupe sur l'individu

---

[9] *Ibidem*, p. 20.
[10] Maurice AMURI Mpala-Lutebele, « Education et gouvernance environnementale », *Francophonie et gouvernance mondiale : vues d'Afrique*, Paris, Riveneuve, 2012, p.322-323.

et faisant de celui-ci propriété de la collectivité. L'enfant appartient donc au clan et son éducation est prise en charge par la communauté clanique. Les parents, les oncles, les tantes, les voisins, ... s'occupent collectivement de sa préparation à la vie adulte et même à sa disponibilité permanente vis-à-vis de sa communauté. Aussi, les travaux collectifs, les cérémonies de mariage, de naissance, de deuil, les rites d'initiation, les veillées culturelles, ... vécus de manière collective, deviennent-ils tour à tour et diversement des écoles de la vie.

Cette conception collective de l'éducation s'explique, entre autres, par la responsabilité commune que ressent le peuple *lega* face aux vicissitudes de la vie, face aux interactions de son environnement : une responsabilité commune qui exige donc un grand sens de solidarité, une auto-prise en charge collective pour ne pas

> « être broyés par la machine, pour ne pas succomber demain [...]. La délibération, entre les humains, de ce qui est juste et bien, le débat public [...], la définition progressive et toujours recommencée du 'pacte' entre les citoyens, par le débat démocratique. [...] C'est l'éthique de la responsabilité[11]. »

Les Lega ont donc déjà vécu, dans leurs traditions, à leur manière, cette « éthique de l'engagement écologiste »[12], cette écologie profonde.

La conception collective de l'éducation s'explique également ici par le mode de conservation et de transmission des connaissances, des valeurs socio-culturelles : l'oralité. En effet, conserver et transmettre des connaissances, avant la civilisation de l'écriture, « mémoriser aisément ces directives et orientations, les fixer dans la mémoire, les rappeler constamment à la conscience »[13], tout cela exige l'apport de toute la communauté, la dynamique de la mémoire collective. L'oralité, véhicule de tous les savoirs, constitue alors un

---

[11] Alain LIPIETZ, *op. cit.* p. 35 et 44.
[12] *Ibidem*, p. 43.
[13] Georges Defour, *op. cit.* p. 3.

texte produit et lu collectivement, couvrant tous les secteurs de la vie. Toutes les activités de l'homme s'expriment et s'exécutent dans cette dynamique de création et de lecture du texte oral : une pratique d'art ancrée dans les activités humaines quotidiennes ou sacrées. La vie entière se réalise au rythme des contes, des chants, des danses, ... Tout devient finalement parole orale :

> L'art négro-africain est par là collectif. La relecture de la tradition est une œuvre collective. Bien sûr le spectacle est mené par le conteur, mais il est le produit de toute l'assistance. La collaboration de celle-ci est de diverses manières : par la danse, par les chants, par les réponses aux devinettes, aux énigmes ou aux proverbes, etc. Le conteur puise la matière dans la tradition, la transpose artistiquement, en fonction de son message (instruction, distraction, naissance, décès, mariage, ...), avec la participation du public[14].

Jacques Chevrier précise qu'il y a donc « une assemblée d'hommes, de femmes et d'enfants réunis autour d'un grand diseur dont la fonction est d'exprimer et de maintenir [...], par la participation active de tout l'auditoire à son récit, les valeurs poétiques du sacré qui cimentent la 'cité' africaine traditionnelle. »[15] L'oralité, entendue comme ensemble d'organisation de la parole orale, tient finalement sa littérarité à la fois de la créativité du conteur, du cadre d'énonciation qui fait participer le public au spectacle et de la fusion des arts d'autant plus que « les arts, au sens général du mot, sont, dans la même perspective, liés les uns aux autres. Ainsi la sculpture ne réalise pleinement son objet que par la grâce de la danse et du poème chanté! »[16]

---

[14] Maurice AMURI Mpala-Lutebele, *Testament de Tchicaya U Tam'Si*, Paris, l'Harmattan, 2008, p. 27-28.

[15] Jacques CHEVRIER, *Littérature nègre (Afrique, Antilles, Madagascar)*, Paris, Armand Colin, 1979, p. 67.

[16] Léopold Sédar SENGHOR, « L'esprit de la civilisation ou les lois de la culture négro-africaine », *Premiers jalons pour une politique de la culture,* Paris, Présence Africaine, 1968, p. 16.

La parole orale sous-tend ainsi l'ensemble du système éducatif dans ses différentes formes, notamment à travers le *Mutanga*. Ce dernier est en effet

> une longue corde à laquelle sont suspendus les objets symboliques, souvent sous une forme réduite : une écaille de pangolin, une plume d'aigle, une ébauche de pirogue, etc. [...] Des objets sont sélectionnés – chacun d'eux symbolisant un ou plusieurs comportements types – selon leur constitution particulière, leur manière d'être et de réagir, mise en relation avec la vie des hommes et des communautés : un arbre majestueux – *l'ibulungu* – au bois dur, à l'écorce ridée, devient tout naturellement la personnification du chef [...] À chaque objet sont reliés un ou plusieurs proverbes, reprenant comme mot-clé le nom de l'objet, qui précisent le sens, l'orientation, l'impact normatif prévus et choisis par les anciens. [...] C'est la fameuse corde de la sagesse, source et soutien de la vie collective *lega*, recueil de conseils qui permettent de retrouver sa route à travers la trame des jours[17].

Cette corde se présente comme le lieu d'enseignement ou d'apprentissage pour les membres du village et pour les passants qui rivalisent de compétence pour décoder et pour interpréter le plus d'objets symboliques possibles, soit entre 60 et 80. Dans sa recherche à ce sujet, Georges Defour en a dénombré 232, portant sur 191 titres distincts et se répartissant comme suit : 76 sont des objets manufacturés [...], 156 sont des objets naturels [...] dont 8 appartenant au règne minéral [...], 80 appartenant au règne végétal [...], 68 appartenant au règne animal [...]. Chacun de ces objets est attentivement observé, absorbé dans une vision globale intuitive, de manière à découvrir les symboles qu'il renferme et communique à qui se donne la peine de l'explorer[18]. Par sa fonction didactique,

---

[17] Georges DEFOUR, *op. cit.*, p. 4 et 6.
[18] *Ibidem*, p. 4.

mnémotechnique, le *Mutanga* fonctionne comme un véritable dispositif d'un système éducatif. Mais, par son mode de fonctionnement, la symbolisation, et par l'origine des objets symbolisés, notamment en grande partie minérale, animale et végétale, le *Mutanga* se présente également comme le lieu des représentations de l'environnement.

Le *Mutanga*, lieu des représentations de l'environnement pour une écologie politique

Du fait inspirateur

La société a la vocation d'être transformée, pensée, représentée par la littérature en vue des mutations sociales, économiques, politiques …, d'autant plus que « l'image littéraire suggère, donc sollicite l'esprit et l'invite à être actif »[19]. La représentation du « réel vrai », notamment des faits matériels, de la nature, des personnes, des idées, des croyances, etc., devient fatalement facteur d'acquisition des connaissances. « Aristote, [dans ce sens], considère que l'homme trouve son plaisir dans la connaissance […], que l'imitation ou faculté de représentation est inhérente à la nature humaine et qu'elle est un moyen de communiquer les connaissances »[20].

Le peuple *lega* n'a pas échappé à cette disposition de la nature humaine. Inspiré par les éléments de son milieu ambiant, il confère à ces derniers, par une activité créatrice, une nouvelle forme de telle manière qu'ils acquièrent le pouvoir de reproduction, d'évocation, de symbole. Aussi, à titre d'exemple, une miniature de pirogue, suspendue à la « corde-mutanga », appelle-t-elle le proverbe « *Mwana bwato, wabubaza bukakuluga*/ Ton enfant, c'est une pirogue ; tu le tailles et il te fera passer la rivière »[21] et suggère-t-elle l'enseignement suivant : « si tu mets un enfant au monde, si tu l'éduques, si tu le fais instruire, c'est pour qu'il t'aide, [à la manière de la pirogue, d'une rive

---

[19] Alain VIALA, « Image », *Le dictionnaire du littéraire*, Paris, PUF, 2010, p. 368.
[20] Alain VIALA, « Mimèsis », *op. cit.*, p. 484.
[21] Traduction de Georges DEFOUR, *op. cit.*, p. 202.

à l'autre], à passer le gué de la vieillesse et, par les rites funéraires, t'introduise chez les ancêtres. »[22]

L'on assiste finalement à la production d'un texte à la fois iconographique et verbal, soit « l'*ekphrasis*, ou représentation verbale d'une peinture ou gravure. »[23] Dans le cas d'espèce, la représentation verbale de la miniature d'une pirogue devient suggestive, symbolique, donc polysémique. Mais avant de parler de cette activité créatrice, de ce processus de symbolisation, faisons état des éléments inspirateurs du *Mutanga*.

Le corpus constitué par Georges Defour, dans son ouvrage déjà cité, corpus dont nous nous servons dans le cadre de cette étude, contient des objets manufacturés (33%) et naturels (d'origine végétale, animale et minérale : 67%). Notre analyse portera essentiellement sur la dernière catégorie qui se présente de la manière suivante :

1) **Monde végétal** : arachide, arbre, arbuste épineux, aubergine, bambou, bananier, *bubala (pentaclethra macrophylla benth), bukongo* ou *bukungu (antrocarion nannanil ou panda oleosa, busezi (lebrunia bushaie)*, canne à sucre, champignon, *colocase (colocasia esculenta)*, copal, courge, *ibulungu (austranella congolensis), igungu (phrynium), isani* (plante dont la feuille est iritante), *itumba (dioscorea alata), itungulu (aframomum laurentii), kakolokolo* (liane qui a la propriété d'être durable), *kankoloto* (liane épineuse), *kantengetenge (macaranga monandra), kimpangampanga (fagara macrophylla), kinenke (kalanchoë crenata), kinsale* (sorte de chiendent), *kinsekya* (arbuste aux fruits sucrés et dont l'écorce sert à tresser les nattes), *kitinga* (liane épineuse), *kitembele (amaranrhus oleraceus), limbalu (gilberthodendron dewevrei), lubaketa* ou *lubeleketa* (arbuste à feuilles très minces) *lubanda* (la forêt), *lububi* (liane), *lukolokosi* (plante dont les graines s'accrochent aux vêtements), *lukusa* (liane dont l'écorce est irritante), *lungusu* (plante touffue qui gêne les cultures), *maghu* (une noix de forêt), maïs, *mangobo* (grande feuille pour couvrir les cases), manioc, *mugilegile* (arbre aux gros fruits avec graines oléagineuses),

---

[22] *Ibidem*, p. 202.
[23] Alain VIALA, « Image », op. cit., p. 366.

mulanga (arbre de haute taille), *mumbite (irvingia wombulu)*, *munsongesonge (barteria fistulata)*, *musoke (julbernadia seretii)*, *ngumbi* (un fruit), *nkungu (albizzia gummifera)*, *nsolu* (une longue herbe coupante), palmier à huile, papaye, parasolier, raphia, *segele* (liane), sorgho, tabac, tomate, tomate-groseille.

2) **Monde animal** : abeille, aigle, antilope, bébé, boiteux, bossu, bouc, bras, calao, chat sauvage, chauve-souris, civette, coq, crabe, crocodile, *dendrohyrax*, dent, dynaste, écureuil, éléphant, escargot *kikoku*, escargot *nkola*, fourmi noire, fourmi rouge, genette, guêpe noire, gorille, hibou, homme, ibis, *ipipi* (un oiseau), *kansisi* (un oiseau), *kyekankuzi* ou *kisenankuzi* (petite bestiole qui s'entoure de fines brindilles), léopard, loutre, main, *mitombotombo* (un oiseau), mouche, naja, *nswe* (un poisson), *ntundu* (une espèce d'antilope), *nyonga* ou *nonga* (insecte venimeux), œuf, oiseau, oryctérope, os, pangolin, pénis, perroquet, plumes, poisson-tigre, porc-épic, poule, python, rat de Gambie, sabot de chèvre, scorpion, serpent, silure, singe, squelette, termitière, tortue, varan, vieillard rusé, vipère.

3) **Monde minéral** : achatine, binette, caillou, charbon de bois, cuivre, eau, *isangabwe* (caillou blanc), sable, sel, terre.

L'ensemble de tous ces éléments « naturels » s'offre ainsi au peuple *lega*, avec toutes leurs propriétés respectives : la meilleure manière de les connaître, de les exploiter en vue d'une intégration globale dans son environnement pour sa maîtrise durable et sa gestion efficace. Cette connaissance et cette exploitation de l'environnement se réalisent alors par ses représentations dans la mesure où « en peignant le vraisemblable – le possible, - [la littérature] accède à des vérités plus générales que l'historique »[24].

Du processus de symbolisation

La production du texte de *Mutanga* se fait en deux temps : créer l'objet symbolique, inspiré par un élément réel du milieu ambiant, et y associer le texte verbal oral qui en incarne et en dévoile corollairement le sens. Le choix du texte verbal oral, tiré du patrimoine oral traditionnel, généralement parmi les proverbes et les

---

[24] Alain VIALA, « Mimèsis », *op. cit.*, p. 484.

contes, est guidé par l'intention de représenter les propriétés de l'élément inspirateur, les transposer par une description imagée de l'objet concernée. À cet effet, « à chaque objet sont reliés un ou plusieurs proverbes, reprenant souvent comme mot-clé le nom même de l'objet, qui précisent le sens, l'orientation, l'impact normatif prévus et choisis par les anciens. »[25] Les deux syntaxes, spatiale et linéaire, deviennent indissociables et « la perception d'un sens neuf ainsi advenu dans l'instant où l'image s'impose peut ensuite être déployé par un texte qui, avec 'perspicacité', en déplie tous les implicites. »[26]

Le passage de l'image au texte, du visuel à l'audio, peut se proférer par un proverbe dit, chanté, conté, et même... tambouriné. Au locuteur de choisir la forme appropriée à la nuance qu'il voudrait conférer à son message. En effet, dit, le proverbe acquiert un ton sérieux, grave, pour une interpellation sans appel alors que, chanté, il détend l'atmosphère ou marque davantage la raillerie. Par ailleurs, conté, il accumule des détails en vue de mieux persuader ; mimé, il apporte une atmosphère énigmatique en vue de dramatiser, de mystifier ce dont il est question ; tambouriné ou sculpté, il s'adresse à un auditoire absent ou éloigné. Cette fusion ou complémentarité des langages ne manque pas de produire une certaine théâtralité, chère à l'oralité, et, ainsi, de créer de la convivialité comme dimension didactique et pédagogique, nécessaire à la transmission des valeurs socioculturelles.

Le *Mutanga* apparaît finalement comme la transformation des faits sociaux réels en faits littéraires pour dire une vision. Il exerce donc à la fois les fonctions référentielle et esthétique, son contenu est alors symbolique. Nous pouvons découvrir ce processus de symbolisation à travers quelques tableaux illustratifs qui suivent, tableaux que nous répartissons en valeurs socio-culturelles enseignées et que nous inspire la typologie du *Mutanga* faite par Georges Defour[27].

Tableau 1 : Autorité-Responsabilité

---

[25] Georges DEFOUR, *op. cit.* p. 4.
[26] Alain VIALA, « Image », *op. cit.* p. 368.
[27] Defour, G., *op. cit.*, sd, 263 pages.

Objet symbolique	Nature	Texte verbal oral	Valeurs socio-culturelles
Une plume de coq	Monde animal	Proverbe 1 : *Bityegetyege bya mulume wa nkoko mu mulungu mweyagilwa*/ la fierté du coq, c'est que le village soit propre.	La responsabilité du Chef dans le maintien de la paix, du développement du village : la satisfaction morale du Chef (reflétée ici par la fierté du coq), c'est quand le pays est « propre », en paix, développé.
		Proverbe 2 : *Mulume wa nkoko nte na matama, mulenge gweika bulazi*/bien que le coq n'ait pas de grosses joues, sa voix porte loin.	C'est la force intérieure qui compte : le Chef n'a pas besoin de forces physiques pour asseoir son autorité. Il lui faut de a personnalité morale.
Une plume d'aigle	Monde animal	Proverbe : *Galuusu lwa Wandyo, takutinge lukozi*/l'enclos de l'aigle, l'épervier n'y passe pas.	La responsabilité du Chef dans la protection du village : sa force morale et intellectuelle (comparée à celle de l'aigle) doit dissuader toute attaque extérieure
Un petit bras en bois sculpté	Monde animal	Proverbe : *Mugombo wa nyenekisi, kalamo ka bana bage*/le bras du chef, c'est la vie de ses enfants.	La responsabilité du Chef de tout entreprendre (comme le bras pour tout le corps humain) pour l'épanouissement du village.
Un morceau de peau d'éléphant ou une réduction de sa défense	Monde animal	Proverbe : *Mwami mulamba wa nzogu, nte kusangwaga mwikulu*/ le chef est une défense d'éléphant : on n'y trouve pas de boursouflures	La moralité du Chef, suggérée métaphoriquement par le lissage de la défense d'un éléphant : honnête, intègre, etc.
Un bout de peau de léopard	Monde animal	Proverbe : *konda kwa ngozi nte balikwe (ou bamubalika) na musimba kasi kungulu wa nyama*/on compare parfois le léopard au chat sauvage, alors que, lui, c'est un géant parmi les animaux.	La grandeur du Chef relève plus de ses entreprises, de ses actes (comme « le tigre qui ne proclame pas sa tigritude mais saute sur sa proie ») que de ses

Objet symbolique	Nature	Texte verbal oral	Valeurs socio-culturelles
Un bout de liane	Monde végétal	Proverbe : *Bami ba mbubi, mwikalaga mwatinganya mango*/les notables sont des lianes, ils font conseil comme les lianes qui se rencontrent au sommet de l'arbre.	La responsabilité collective vis-à-vis des questions de la cité : à la manière de la rencontre des lianes au sommet de l'arbre, les vieux et les sages du village débattent ensemble des problèmes qui se posent pour des décisions communes.
Une nervure de palmier à huile	Monde végétal	Proverbe : *Masina ma kikasi ntatenge na lumpumpu*/ le tronc du palmier n'est pas ébranlé pas le vent.	La ténacité, le calme et la persévérance devant les vicissitudes de la vie : le Chef reste imperturbable (la force du tronc du palmier) devant des problèmes qui se posent à la communauté
Une feuille de *mulanga (parinari holstii)*	Mode végétal	Proverbe : *Mulanga buwaku ta idembo, ntu bengage lusele*/toi, *Mulanga* au fier sommet touffu, ne méprise pas le *lusele* (liane fine mais solide).	Le respect envers le plus faible que soi, malgré sa richesse, ses diplômes, … (la haute taille et le bois dur du *Mulanga*).
Une griffe d'oryctérope	Monde animal	Proverbe : *Mukulu wa ntumba, kwendaga wasona mikungu*/vieil oryctérope, va voir ton ancien terrier.	La responsabilité du Chef de visiter régulièrement les membres de sa communauté : connaître les préoccupations de chacun et de tout le monde.
Une grappe d'aubergines sèches	Monde végétal	Proverbe : *Mukungu ntikile mu mwino, bukambo bumbele makoki* /vieux, sors du village pour que les aubergines puissent mûrir.	Le courage du chef de démissionner, de céder la place à d'autres s'il n'est plus capable d'exercer le pouvoir (vieillesse, maladie, compromission…).

Tableau 2 : Communauté-Clan-Fraternité

Objet symbolique	Nature	Texte verbal oral	Valeurs socio-culturelles
	Monde végétal	Proverbe 1 : *Mubuto maseke, mwatenganya tamukusombana*/la parenté,	Transcender les disputes, les querelles pour préserver la

Un bout de canne à sucre		la famille, c'est comme les cannes à sucre nées de même souche : elles se disputent, mais ne se quittent pas.	fraternité : « quand le vent souffle, les cannes à sucre se cognent mais ne se détruisent pas... Des querelles peuvent secouer la famille et le clan, mais leurs membres doivent rster toujours solidaires ».
		Proverbe 2	
Une feuille de maïs	Monde végétal	Proverbe : *Betizi kuvwala, mwalola buvwala mabel*/vous qui ne savez pas vous habiller, regardez comment se vêt le maïs.	Vivre en union, en communauté à la manière des grains de maïs en épis. La belle manière de s'habiller d'un épi de maïs est alors une référence qui s'impose en matière d'assurance-qualité.
Une écaille de *nswe* (gros poisson à fortes écailles)	Monde végétal	Proverbe : *Ba-nswe kwendaga ku lugezi, nti mwakalile lwango*/ avant de se rendre à la cascade, les *nswe* tiennent conseil.	Des réunions des délibérations du clan, de la famille autour des questions qui exigent des décisions importantes : stratégies communes pour des actions efficaces.
Un morceau de feuille de	Monde végétal	Proverbe : *Nduma za kyanga uzamwatide lubula mugongo*/le repli sur soi, l'avarice de la feuille de bananier a fait qu'elle a été déchirée par la grêle.	Eviter le repli sur soi, l'avarice, l'égoïsme... qui appellent la solitude et soustraient le concerné de la protection du clan. En effet, en donnant le dos au soleil, alors que toutes les autres feuilles

Objet symbolique	Nature	Texte verbal oral	Valeurs socio-culturelles
bananier fraîche (*kyanga*) ou sèche (*lubobela*)			le regardent en face, la feuille de bananier s'expose à tout ce qui tombe du ciel.
Une dent de *dendrohyrax*	Monde animal	Proverbe : *Mulume wa mubinga ntatende kwikazi*/le *mubinga* mâle ne crie pas quand il est seul.	Les relations, la collaboration, l'esprit d'équipe… rendent forts les concernés : l'ouverture aux autres.
Une fourmi noire	Monde animale	Proverbe : *Gutezi mubuto, walola bugenda minyagu*/celui qui ne pratique pas la fraternité, qu'il regarde comment marchent les fourmis noires.	Cheminer ensemble conduit à l'entente, à l'esprit de partage, à la communion de cœur, à la solidarité. L'exemple des fourmis noires, marchant toujours ensemble, bien en ligne, est à suivre.
Une branchette de *lukolokosi* (plante en jachère dont les graines s'accrochent aux vêtements quand on les heurte)	Monde végétal	Proverbe : *Na lukolokosi lwa kulanda ku nsulu ntu lobe*/le *lukolokosi* qui s'attache à ton vêtement : un ami qui s'offre à toi.	Accepter, accueillir, aimer… ceux qui s'intéressent à vous, ceux qui comptent sur vous : l'esprit d'écoute, la bienveillance, la générosité, etc.
Une petite main en bois	Monde animal	Proverbe : *Maboko mabili ma bikidoe ku muntu kogania*/les deux mains du corps de l'homme sont orientées de telle sorte qu'elles puissent se laver l'une l'autre.	« Les hommes, en communauté, sont faits pour s'entraider et non pour vivre chacun pour soi. »

Tableau 3 : Travail-Effort-Courage

Objet symbolique	Nature	Texte verbal oral	Valeurs socio-culturelles
Un morceau de tronc de bananier	Monde végétal	Proverbe : *Mpoko mukali, gwalindila lutumi lwa nzogu*/le bananier valeureux attend fermement le barrissement de	Le courage : « n'aies pas peur des 'grosses gueules' ; laisse-les crier

Objet symbolique	Nature	Texte verbal oral	Valeurs socio-culturelles
		l'éléphant.	et reste calme dans ta décision ».
Des graines sèches d'aubergine	Monde végétal	Proverbe : *Gutagula mina mu busubi, mu bukambo nte mone lwela*/celui qui ne plante pas d'aubergine n'en récoltera pas.	Gagner sa vie (combattre sa faim) à la sueur de son front : qui ne travaille pas ne récolte rien.
Une réduction de défense d'éléphant	monde animal	proverbe : *Mulamba wa nzogu nte sangwe butandala*/une défense d'éléphant, ça ne se trouve pas n'importe où.	La persévérance, la détermination : le principe de « mourir pour vivre ».
Un morceau de *kantengetenge* avec ses épines (arbre aux épines longues)	Monde végétal	Proverbe : *Kantengetenge kumusinda kusosu, kumugelegeta bubibu*/abattre le *kantengetenge* est aisé, mais marcher sur son tronc étendu à terre est difficile.	Incitation à la bravoure, aux œuvres concrètes, achevées : « parler est facile, agir est difficile… la critique est aisée, mais l'art est difficile ».
Une touffe de *kinsale* (sorte de chiendent)	Monde végétal	Proverbe : *Kinsale, wamusiga ku makindu, ukamusanga ku mulungu*/le *kinsale*, tu le laisses au village abandonné, tu le trouveras au nouvel emplacement.	Le caractère permanent de la lutte pour la vie : le mal est lui aussi permanent à la manière de la perspicacité du *kinsale*.
Une écorce de *musoke* (un grand et gros arbre, à écorce dure sous forme de plaque)	Monde végétal	Proverbe : *Kikuku kya musoke, bamusulanga ntebote*/l'écorce du *musoke*, bien qu'on le martèle, elle ne s'amollit pas.	La résistance, la ténacité : maintenir sa position pour la bonne cause, malgré toute forme de pression.
Un morceau de racine de manioc	Monde végétal	Proverbe : *Wamulume kati ka muzongu, kumulekela ntienda kwasa*/l'homme est une bouture de manioc : on le jette, il pousse quand même.	Apprendre à s'adapter à n'importe quel milieu, à n'importe quelle époque : ne jamais se décourager, savoir repartir pour une nouvelle vie.

Tableau 4 : Prudence-Sagesse

Objet symbolique	Nature	Texte verbal oral	Valeurs socio-culturelles
	Monde animal	Proverbe : *Kitumba kya munzunzu, kyatua kyalekana*/un cadavre	L'extrême prudence, ne pas se fier aux

Une abeille séchée		d'abeille peut encore piquer.	apparences : l'abeille est morte, mais son dard est encore là, maniée imprudemment, elle pique.
Une branchette	Monde végétal	Proverbe : *Muti ntuseke mugogo, lwakule mugogo ulukakwa*/ toi, arbre, ne te moque pas du tronc qui est tombé, car comme il est mort tu mourras.	La sagesse : « toi qui es encore jeune, ne ris pas de vieillards…, un jour tu seras comme eux et cela se retournera contre toi. »
Une coquille d'escargot	Monde animal	Proverbe : *Menge ma nkola mamutimbizie inyo*/la ruse de l'escargot lui a tordu les fesses.	L'enseignement de l'adage « à malin et demi ».
Un petit morceau d'*isangabwe* (un caillou blanc, très dur)	Monde minéral	Proverbe : *Nkingi mbibu, nti zikakulumana ne'isengabwe*/ toi, robuste maillet, tu rencontreras *isangabwe*.	Les limites de la raison humaine, de ses compétences, de ses forces…, il faudrait donc s'en servir utilement, pour les causes justes. Mais, si « tu te crois tout permis, tu es fier de ta force, de ton argent, de ta réussite politique…, un jour tu rencontreras plus fort que toi et alors… »
Une queue de loutre	Monde animal	Proverbe : *Akwa mu mubimbi, nsongi nyene luuzi*/la loutre, maîtresse des eaux, est pourtant morte lors de l'inondation.	Etre conscient de ses limites, éviter la confiance totale en soi-même : « tu peux depuis longtemps avoir résolu bien des problèmes, et des plus ardus, mais, si tu n'y prends pas garde, l'un d'eux » finira par t'emporter.
Une feuille de maïs	Monde végétal	Proverbe : *Idimu akwa ku mabela, lyezye muntu lyamubanza*/la civette meurt dans le maïs, c'est ce dont raffole l'homme qui le tue.	Apprendre à se connaître, à connaître ses faiblesses, ses penchants, ses passions… pour éviter d'y succomber comme la civette dans le maïs : la maîtrise de soi.
Une herbe *nsolu*	Monde	Proverbe : *Mubuto wa nsolu,*	La prudence, la

(herbe coupante qui résiste au feu de brousse)	végétal	*nikunyanta nikukwa boba*/quoique frère du *nsolu*, j'y marche avec crainte.	précaution… dans toute entreprise, même celle qu'on prétend avoir maîtrisée.
Un morceau de peau de serpent	Monde animal	Proverbe : *Genda nzoka galosibwa minwe, teetwe*/l'endroit où passe le serpent, on le montre du doigt, on ne s'y risque pas.	Dénoncer le mal et éviter d'y tomber.
Une vertèbre de silure	Monde animal	Proverbe : *Bwona mpongo u bwona mulume*/comme s'échappe le silure, ainsi doit s'échapper l'homme digne de ce nom.	Echapper aux pièges des autres, non pas par la guerre, mais par diplomatie : mieux se servir de son intelligence pour se tirer d'affaire des intrigues des autres.
Un morceau de peau de vipère	Monde animal	Proverbe : *Kibukusa kyanga mibunga ibili, ndi takyakwa na mukuzi wa mpoko, nti kikakwa na mulimi wa mamba*/la vipère qui se promène sur deux territoires, si elle ne meurt pas de celui qui abat les bananiers, elle mourra de celui qui défriche la brousse.	Eviter le vagabondage, l'oisiveté, l'errance, l'instabilité, l'indécision.

Deux langages se complètent nettement dans ce processus de signification. En effet, la logique de la syntaxe spatiale, celle de l'objet symbolique, se prolonge par une autre logique, celle de la syntaxe linéaire du texte verbal oral. Le passage de l'une à l'autre permet ainsi au peuple *lega* de s'approprier d'abord les propriétés de l'élément inspirateur, élément constitutif de son environnement, pour ensuite représenter ces dernières en vue de se munir d'une morale sociale, d'un « discours social », d'un « civisme » porteur de connaissances, de valeurs socioculturelles, gage majeur de la « gestion-maîtrise » de son espace environnemental, enseignées d'une génération à une autre.

L'*ekphrasis* qui s'opère de cette manière dans le processus de symbolisation du *Mutanga* apparaît, en dernière analyse, comme un « outil » de l'écologie politique pour non seulement prévenir les crises écologiques chez le peuple *lega*, mais aussi pour les « domestiquer ». Aussi, tour à tour et diversement, les éléments de la nature animale (coq, éléphant, aigle, léopard, poisson, fourmi, abeille, escargot, loutre, serpent, parmi tant d'autres), végétale (liane, palmier à huile, canne à sucre, maïs, bananier, herbe, aubergine, arbre, manioc, …) et minérale (caillou, sel, eau…) génèrent-ils des valeurs telles que le sens de l' « autorité-responsabilité », de la « communauté- clan- fraternité », du « travail-effort-courage » et de la « prudence-sagesse », entre autres, comme nous l'indiquent les tableaux ci-haut constitués. Texte à la fois iconographique et verbal oral, produit du groupe social, le *Mutanga*, que Georges Defour appelle à juste titre « la corde de la sagesse *lega* », offre donc une lisibilité relevant de l'oralité, c'est-à-dire une lecture où tout le monde est à la fois destinateur et destinataire, conteur et narrateur, émetteur et récepteur : une pratique de lecture collective.

De la réception du *Mutanga*

Matériellement, les objets symboliques sont suspendus à une corde, tendue entre deux poteaux, à l'abri des intempéries, contre le mur, sous la barza, à l'entrée du village …, accessible à tout le monde. Les objets symboliques s'y ajoutent au jour le jour selon que chacun apporte sa contribution (habitant du village, passant, visiteur, …). Sous cette forme, le *Mutanga* se veut un lieu d'apprentissage, d'acquisition des connaissances où les jeunes, surtout, prennent davantage connaissance des éléments de leur écosystème, en découvrent les substances de l'esprit et les mémorise pour la vie pratique.

En effet, outre ce cadre d'apprentissage, la lecture du *Mutanga* se fait au fil de la vie comme formation permanente à la « domestication » des interactions dans son environnement : les éléments de ce « texte » sont ainsi introduits dans la conversation, utilisés lors des palabres où ils font jurisprudence, chantés et tambourinés lors des cérémonies rituelles, repris dans la musique, le mime et la chorégraphie, donnant ainsi aux objets-types une interprétation, une dimension symbolique dont la compréhension qui ne nous est normalement possible que plongée dans la totalité complexe du clan et de sa vie[28].

Le cadre énonciatif des éléments du *Mutanga* déclenche, dans ce sens, en même temps l'énonciation et l'interprétation de l'élément proféré. Le proverbe est effectivement énoncé en fonction d'une situation de communication donnée et il est « reçu », perçu même, par rapport à ce contexte. Outre le cadre énonciatif, la compétence et, surtout, la performance culturelle de l'individu (ou du groupe d'individus) forment un autre paramètre important pour la meilleure lecture du *Mutanga* d'autant plus que ce « texte » se construit sur la base de deux langages, iconographique et verbal. « Il apparaît alors que la signification se joue dans les codes d'observation, qui sont multiples, et pas toujours communs à tous ceux qui sont en situation de réception : tributaires des habitudes et modèles d'un groupe social (un milieu, une nation), ou plus largement collectif (une culture au sens large), ils relèvent de ce qu'on peut appeler une 'allosyntaxe' (agencements des signes selon le rapport à autrui) ; elle exige une analyse historique et sociale, comme les autres codes, mais aussi, en partie, une anthropologie culturelle. »[29]

Intervenant dans la vie pratique, en toutes circonstances, selon tel ou tel contexte, la lecture du *Mutanga* est la lecture de cette vie pratique, jouant ainsi une forte fonction sociale : elle se réalise pleinement dans les activités quotidiennes de l'homme lega. Si, donc, sa « perception esthétique peut être envisagée comme un 'regard double' (Ouellet) où l'œil – et l'esprit – sont engagés dans une attitude d'exploration guidée par les offres de l'image »[30], sa perception idéologique repose sur la performance culturelle de l'individu ou du groupe d'individus : une pratique sociale et culturelle, une anthropologie sociale et culturelle qui s'enracine dans l'environnement de l'homme, lui-même étant élément environnemental.

---

[28] Georges DEFOUR, *op. cit.* p. 4.
[29] Alain VIALA, « Image », *op. cit.*, p. 367.
[30] *Ibidem*, p. 368.

Études environnementales et patrimoine oral... pour conclure

L'entendement du concept de l'environnement a tellement évolué qu'il n'est plus question de voir d'un côté l'homme et de l'autre la nature. L'enjeu est plutôt de voir comment l'homme peut bien maîtriser et bien gérer cet ensemble environnemental auquel lui-même appartient. L'écologie se veut donc, dans ce sens, une science qui permet plutôt à l'homme de renforcer sa capacité de rendre harmonieuse la coexistence de tous les éléments environnementaux : une science qui guide l'homme dans ses pratiques de vie, dans leur orientation en ce qui concerne leur justesse, leur utilité, ... par rapport à cette harmonie.

Des études environnementales, essentiellement autour de cette problématique, se réalisent, abordant tous les secteurs de la vie de diverses espèces. Plusieurs solutions, d'ordre social, juridique, économique, politique, etc., sont proposées. Dans cette perspective, le *Mutanga*, véritable code de défense et de promotion des droits humains, chez les *Lega*, montre l'apport d'un patrimoine oral, porteur d'une morale sociale. Tirée des propriétés naturelles des éléments environnementaux, ce « civisme » se fonde sur la connaissance de l'homme lui-même et de tout ce qui l'entoure tout simplement parce que « les mauvais rapports entre l'homme et l'environnement découlent le plus souvent, et de plus en plus, de mauvais rapports entre les hommes (et les femmes) eux-mêmes »[31]. La pratique du *Mutanga* révèle, par là, combien la littérature orale est aussi une source intarissable de la connaissance de la Nature et, par conséquent, de la « domestication » des phénomènes environnementaux : un autre champ d'études des questions environnementales.

Références

---

[31] Alain LIPIETZ, *op. cit.*, p. 57.

Amuri, Maurice. Mpala-Lutebele, « Education et gouvernance environnementale », *Francophonie et gouvernance mondiale : vues d'Afrique*, Paris, Riveneuve, 2012.

Amuri, Maurice. Mpala-Lutebele, Testament de Tchicaya U Tam'Si, Paris, l'Harmattan, 2008.

Aron, Paul et Viala, Alain (dir.). *Le dictionnaire du littéraire*, Paris, PUF, 2010.

Chevrier, Jacques. *Littérature nègre (Afrique, Antilles, Madagascar)*, Paris, Armand Colin, 1979.

Defour, Georges. *La corde de la sagesse lega*, Bukavu, Editions Bandari, SD.

Lipietz, Alain. *Qu'est-ce que l'écologie politique ? La grande transformation du XXIe siècle*, Paris, Les petits matins, 2012.

Senghor, Léopold Sédar. « L'esprit de la civilisation ou les lois de la culture négro-africaine », *Premiers jalons pour une politique de la culture*, Paris, P.A., 1968.

Toupictionnaire, le dictionnaire de politique, en ligne.

Migrations, environnement et *mimesis* africaine chez Zakes Mda

Hervé Tchumkam
Southern Methodist University

Dans une entrevue accordée à Elly Williams en 2005, Zakes Mda raconte son enfance et explique son itinéraire du berceau familial à l'écrivain célèbre qu'il est désormais. À la lecture de cet entretien, on remarquera le caractère protéiforme de la création artistique chez Mda, laquelle comprend à la fois la peinture, le théâtre, et le roman. Plus intéressant, à une question d'Elly Williams sur le rapport de son œuvre au réalisme magique, Zakes Mda s'étonne de la tendance à associer son travail au réalisme magique, et dit ne pas avoir de problèmes spécifiques avec une pareille catégorisation. Mais, précise t-il, il convient de ne pas perdre de vue que les sources de son réalisme magique à lui demeurent les sources littéraires orales, les littératures traditionnelles des peuples d'Afrique car selon lui, dans les traditions orales en Afrique, il est normal que le monde surnaturel cohabite avec la réalité objective sans que cette coalescence soit forcement conflictuelle. Quelques années plus tard, dans un article paru dans la revue *Research in African Literatures*[1], Andrew Offerbunger se lancera dans une comparaison entre *The Heart of Redness* de Zakes Mda et l'ouvrage *The Dead Will Arise* (1989) de l'historien Jeff Peires avant d'accuser Zakes Mda de plagiat. Il est à noter que l'argument majeur de l'article d'Andrew Offenburger - auquel répondra d'ailleurs Zakes Mda dans les pages de la même revue- repose presqu'essentiellement sur ce qu'il considère comme les abus

---

[1] Andrew Offenburger, "Duplicity and Plagiarism in Zakes Mda's *The Heart of Redness*" *Research in African Literatures*, 39.3 (2008):164-179.

d'emprunt au manuel d'histoire qui a inspiré le roman de Zakes Mda. Et à propos d'identification de données historiques événementielles, Andrew Offenburger polarise son attention entièrement sur la dimension magico-réaliste qui, d'après lui, balise le roman tant acclamé de Zakes Mda.

En partant du constat de cet enfermement systématique de certains romans africains par la critique dans un cadre réducteur, celui du réalisme magique, cet article se propose de relire *The Heart of Redness* dans une perspective qui lui est, me semble t-il, essentielle mais malheureusement mise à l'ombre par une « critique de l'exotisme ». En clair, je ne m'engage pas sur les voies d'une théorisation du réalisme magique ou de la monstration de son absence dans *The Heart of Redness*, mais plutôt dans une interprétation du roman à partir des aspects du texte dont son confinement au réalisme magique empêche l'émergence et la ré-interrogation critique : notamment la migration à l'envers, et plus précisément le voyage de l'Occident vers l'Afrique qu'initie Camagu, le protagoniste de Zakes Mda. Il ne s'agit donc pas de montrer que ce roman n'use pas du réalisme magique, mais de postuler à travers d'autres points saillants de ce roman riche que si réalisme magique il y a, c'est une caractéristique infiniment moins importante dans la réception et la juste appréciation de *The Heart of Redness*. Car parler du roman comme chef-d'œuvre de réalisme magique reviendrait à sacrifier le texte africain postcolonial à l'autel d'une lecture de type exclusivement ethnologique qui privilégierait le « postcolonial exotic » pour reprendre le titre de l'ouvrage de Graham Huggan[2]. Du coup, je pose le postulat que confiner le texte littéraire africain et spécifiquement *The Heart of Redness* à une lecture anthropologique et/ou ethnologique reviendrait à faire du roman un simple répertoire de données factuelles vérifiables dans l'histoire, et donc à nier ses potentialités significatives. En gardant en arrière plan la migration du protagoniste qui donne au roman son inflexion et m'appuyant sur l'inscription du

---

[2] Graham Huggan, *The Post-colonial exotic. Marketing the margins*, New York, Routledge, 2001. Voir notamment le chapitre 1, " African literature and the anthropological exotic".

moment colonial dans le roman, je montrerai que *The Heart of Redness*, en tant que réflexion sur la société sud-africaine, entremêle passé et présent et met en avant la migration du protagoniste du Nord vers le Sud pour postuler une *mimesis* africaine qui passe par la redécouverte de l'ordinaire, valable pour l'Afrique du Sud post-apartheid et pour l'ensemble du continent africain. Ainsi, j'examinerai les manières dont, à partir de la migration des États-Unis d'Amérique vers un village sud-africain, le roman de Zakes Mda souligne l'urgence d'une *mimesis* pour arriver à des propositions pour une éthique de développement durable en Afrique. Mais avant d'y parvenir, regardons ce qui dans le passé constitue le point de départ de la crise, en un mot l'origine de la situation à laquelle le protagoniste migrant de Zakes Mda sera confronté au terme de son voyage retour en Afrique du Sud : la barbarie de la colonisation.

C'est qui le barbare?

La double narration entre passé et présent confère au roman de Zakes Mda une forme esthétique toute particulière. Il faut souligner que cette alternance entre le passé et le présent du temps de la narration est remarquablement poétisée, au point que le lecteur inattentif ne se rendrait que très difficilement compte du passage d'une époque à l'autre dans le texte. Le temps qui m'intéresse en premier chef dans cette partie est le passé, un moment qui apparaît dans *The Heart of Redness*[3] comme celui de l'exposition par excellence de la barbarie coloniale anglaise en Afrique du Sud au début du dix-neuvième siècle. Le roman s'ouvre sur le village de Qolorha, espace présenté comme lieu de mystères et de miracles, mais curieusement en proie au cannibalisme colonial tous azimuts. Le pont est en effet jeté entre passé et présent dès le début du roman quand le lecteur apprend que la division des villageois en deux groupes remonte à la période coloniale, précisément au temps de leurs ancêtres. Une

---

[3]Pour les citations du roman, la référence sera HR pour *The Heart of Redness*, suivi du numéro de la page.

prophétesse du nom de Nongqawuse ayant prédit la fin de la colonisation, avait en effet ordonné pour l'avènement du vrai « soleil de l'indépendance », que soit égorgé tout le bétail pour qu'advienne les ancêtres qui battraient et expulseraient les anglais de leur territoire. C'est alors que les villageois s'étaient constitués en groupes opposés : les croyants (« Believers ») et les non-croyants ou sceptiques (« Unbelievers »). À la faveur de cette scission à l'intérieur d'un peuple pourtant unanime quant à l'autonomie de leur terroir, les anglais profiteront pour étendre leur pouvoir et avancer à grands pas, mais en marchant sur le sang et les cadavres des peuples indigènes.

L'animalisation du noir s'érige dans le texte en credo de la domination coloniale. Il s'agit d'une banalisation de l'autre qui ne va pas se limiter au ridicule, mais qui va être portée aux extrêmes de la mise à mort du colonisé par le maître colonial. Un passage en début du roman est révélateur, lorsque l'administrateur colonial ordonne aux chefs et vieux de baiser son bâton de commandement et ses chaussures : « the Great White chief commanded the elders and even the chiefs to kiss his staff and his boots. » (*HR*, 18) C'est une humiliation qui vient marquer la rupture d'équivalence dans l'univers culturel référentiel du texte, car dans cette tradition l'âge est un indicateur de respect. Mais cette humiliation ne manque pas de médiation, car le statut et la supériorité de l'homme blanc seront charriés, chez Zakes Mda comme chez nombre de ses confrères africains, par l'évangélisation. Explicite est donc la complicité entre colonisation et église, en ce sens que l'importation de la bonne nouvelle avait des visées matérielles. Plutôt que d'évoluer vers ce que Gianni Vattimo appelle une « ontologie herméneutique »[4], c'est-à-dire une communauté d'interprètes de la parole de l'Évangile, l'interprétation du texte biblique imposée au colonisé visera à remodeler sa psychologie pour faire de lui un réceptacle passif de dogmes dont il ne comprend absolument rien. Le problème de l'aporie interprétative de la Bible se pose en Afrique sous le joug

---

[4] Gianni Vattimo, *Après la chrétienté. Pour un christianisme non religieux*, Paris, Calman Lévy, 2004.

colonial en termes de l'absence d'une communauté d'interprètes qui s'accordent sur la lecture du texte sacré, lecture et attribution de sens auxquelles ils doivent prendre part activement. Dans *The Heart of Redness* au contraire, on a affaire à un processus tout à fait différent. Les colonisateurs, par le biais des hommes d'église, avaient initié certains indigènes qui, loin de comprendre le texte dont ils étaient les ambassadeurs pâles et ternes du message, n'étaient pas plus que de simples caisses de résonance de la volonté et de la toute-puissance des blancs. C'est le cas de Mhlakaza le catéchiste qui au nom de la religion a nié son identité ; de Mhlakaza qu'il était, il s'est fait rebaptiser Wilhem Goliath, pour le meilleur mais surtout pour le pire. David Attwell[5] (2007) et Rita Barnard[6] (2005) ont cité Chinua Achebe et Ngugi Wa Thiong'o dans la généalogie littéraire africaine de cette représentation du fait colonial. J'y ajouterais Mongo Beti (alors Eza Boto) et Ferdinand Oyono[7], auteurs camerounais dont l'itinéraire des personnages acquis à la cause du christianisme à l'époque coloniale ressemble étrangement à celui du personnage de Zakes Mda. Comme dans les romans antérieurs ci-dessus évoqués, la christianisation dans le roman de Mda procèdera par division des autochtones. Le droit de cité de la religion sera affectif, mais il ne sera pas question de sauver, mais seulement de conquérir. Le long passage suivant est assez révélateur de la lobotomie du noir au moyen d'arguments religieux faussement interprétés et tournés vers la subjugation :

> Both Ned and Mjuza were up in Grey's defense. Grey was different from former governors, they said. Grey was a friend of the amaXhosa. Grey was a great reader of the Bible- the big book that talked about the true salvation that would come through the

---

[5] David Atwell, *Rewriting Modernity. Studies in Black South African literary history*, Athens, Ohio University Press, 2005.

[6] Rita Barnard, *Apartheid and Beyond. South African Writers and the Politics of Place*, New York, Oxford University Press, 2007.

[7] Eza Boto, *Ville cruelle*, Paris, Présence Africaine, 1954. ; Ferdinand Oyono, *Le vieux nègre et la médaille*, Paris, Julliard, 1956.

blood of the son of the true god. Grey believed that all men were equal-well, almost equal- as long as they adopted a civilized mode of dress and decent habits. Grey was interested in the health and education of the amaXhosa – that was why he established schools and the Native hospital. Grey was a great lover of the amaXhosa nation, and was interested in their folk stories, in their animals and their plants. Instead of being derisively called The Man Who Named Ten Rivers, Grey should be called The Great Benefactor of the Non-European Peoples of the World. Grey was a wonderful man whose only motive for coming and ruling the land of the amaXhosa was to change the customs of the barbarous natives and introduce them to British civilization. The land that he had grabbed in the process was really a very small price to pay for the wonderful gifts of civilization (*HR*, 85).

Comme on peut le voir dans l'extrait ci-dessus, le gouverneur anglais diffère de ses prédécesseurs aux yeux des villageois dans la mesure où sa mission est de sortir les amaXhosa de la barbarie, mission d'autant plus légitime qu'il était un brillant lecteur de la Bible. La mission civilisatrice, que suggère ce passage, est donc d'inspiration divine.

Cette critique acerbe des méthodes de la colonisation et de la complicité de l'église n'est en aucun cas une appréciation ou un choix entre croyances traditionnelles et valeurs bibliques. Il s'agit en effet moins de comparer les deux modes de croyance que de montrer à quel point la mission évangélisatrice a abruti l'africain à l'ère coloniale et est responsable, ne serait-ce que partiellement, de la longue nuit de laquelle le continent peine à sortir. L'abrutissement auquel je fais allusion dépassera les frontières du contrôle psychologique pour s'inscrire dans le corps, à travers le don systématique de la mort.

Je soutiens en effet que le mode d'administration coloniale et de gestion des colonisés tel qu'il apparaît dans *The Heart of Redness* est le modèle primaire de ce qui sera appelé un siècle plus tard les « camps ». Le roman de Zakes Mda est à sa façon, une esquisse intelligente de la représentation de l'espace colonial comme espace biopolitique. Le village sud africain du début du 19e siècle est comparable voire quasiment identifiable à un « camp », un espace où en face d'un pouvoir ne se trouve que la vie nue. À propos de camp, Giorgio Agamben écrit :

> *Par le fait même que ses habitants ont été dépouillés de tout statut politique et réduits intégralement à la vie nue, le camp est aussi l'espace biopolitique le plus absolu qui ait jamais été réalisé, ou le pouvoir n'a en face de lui que la pure vie biologique sans aucune médiation.* Ainsi, le camp est le paradigme même de l'espace politique au moment où la politique devient biopolitique et où l'*homo sacer* se confond virtuellement avec le citoyen[8].

Le citoyen sud-africain *barbare* d'alors cadre bien avec la figure de l'*homo sacer* dont parle Agamben. En effet, l'*homo sacer*, le noir ici, était doublement indispensable et sacrifiable. Il était indispensable pour l'avancée du projet colonial, à l'instar des catéchistes et autres porteurs de volonté du colonisateur. Mais en même temps il pouvait être mis à mort sans aucune médiation, sans aucune forme de procès. La torture physique et l'exposition du corps du colonisé, tout autant que les stratégies pour faire taire ce corps, visaient ainsi à déplacer le corps noir de la sphère du privé à celle de la mémorialisation du colonisateur. Le corps du colonisé devenait lieu de mémoire pour le colonisateur, un passage rendu possible à travers les marquages et tatouages dans la chair du noir. Le paradoxe de la pratique coloniale réside dans la figure même du colonisé comme *homo sacer*. La production des biens et le gage de l'extension des propriétés du colon passaient ainsi nécessairement par la torture, la punition et la mise à mort. Si la discussion entre les trois administrateurs coloniaux (Sir George, John Dalton et Gawler) est la chronique d'un génocide annoncé, elle n'est pas plus interpellatrice que l'extermination des amXhosa, les mutilations de sexe des femmes Khoikhoi ou la décapitation des résistants noirs par les soldats anglais :

---

[8] Giorgio Agamben, *Moyens sans fins. Notes sur la politique*, Paris, Éditions Payot et Rivages, 2002, p.51. La citation est conforme au texte.

« Extermination is now the only word and principle that guides us. I loved these people and considered them my children. But now I say exterminate the "savage beasts!" he told his field commanders. Some of them were seen marching to war with the word "Extermination!" emblazoned on their hats. [...] A small group of British soldiers were cutting off ears of a dead umXhosa soldier. » (*HR*, 19)

L'extermination étant devenue le principe directeur de la mission colonisatrice dans le roman de Zakes Mda, et le paternalisme des administrateurs coloniaux s'étant heurté à l'indocilité des indigènes noirs, violence et abjection étaient les seules possibilités. Il faut également noter que dans le discours des administrateurs coloniaux, les colonisés sont passés sans transition du statut d'enfants à celui de sauvage. Seulement, il y aura retournement de clichés : aux yeux des colonisés « sauvages » et indociles, ce sont les soldats anglais qui deviennent les barbares. La scène que voient les jumeaux Twin et twin-Twin, personnages principaux du temps des ancêtres est intéressante à ce titre de retournement du cliché : « then to the horror of the men watching, the soldiers cut off the dead man's head and put it in a pot of boiling water. » (*HR*, 20) Et ainsi que l'affirme le narrateur de Zakes Mda, que cette mutilation soit justifiée par le désir de garder un trophée de guerre ou alors par la recherche scientifique, il s'agit d'un acte de barbarie. Cette inversion du regard à la faveur duquel c'est le colonisé qui regarde les soldats de l'armée coloniale suggère à un haut point de revenir à la pensée d'Aimé Césaire qui répond sans appel à la question que je posais en début de cette section, à savoir qui du colonisé et du colonisateur était le véritable barbare : « le colonisateur qui, écrit Aimé Césaire, pour se donner bonne conscience, s'habitue à voir dans l'autre la bête, s'entraîne à le traiter en bête, tend objectivement à se transformer lui-même en bête. »[9] Cette citation de Césaire indique en creux que le colonisateur ne saurait être un modèle absolu et indiscutable pour les colonisés,

---

[9] Aimé Césaire, *Discours sur le colonialisme*. *Œuvres Complètes*, Paris, Editions Désormeaux, 1976, p. 367

d'autant plus qu'il passe facilement lui-même de spectateur de la barbarie à acteur principal. Face aux limites de la mission civilisatrice ainsi soulignées, *The Heart of Redness* indique la nécessité de repenser le futur de l'Afrique à partir de son passé. C'est cette mission que se donne l'autre narration présente dans le roman de Zakes Mda, celle qui traite de l'Afrique du Sud post-Apartheid et qui installe la migration à l'envers comme embrayeurs de modalités interprétables comme prolégomènes de l'émergence d'une *mimesis* africaine.

Pour une *mimesis* africaine

J'emprunte le concept de *mimesis* à Achille Mbembe qui pose l'urgence de cette nouvelle tendance en vue d'une éthique à venir en Afrique. Étant donnée la signification du mot « mimesis » et la place qu'il occupe dans les études littéraires, je me dois de commencer par souligner que par *mimesis* il est question d'autre chose que le réseau significatif que déploie Erick Auerbach à propos de la représentation de la réalité dans la littérature occidentale. En effet, dans son article intitulé « Aesthetics of superfluity », Achille Mbembe part des considérations sur la ville en Afrique et pose Johannesburg comme lieu par excellence du « superflu » (superfluous) et du mimétisme (mimicry). Il poursuit son analyse en affirmant que le mimétisme ainsi présenté ne devrait en effet pas obstruer l'espace de l'émergence d'une *mimesis*. Mbembe balise lui-même son projet théorique ainsi qu'il suit :

> As I use the term here, *superfluity* does not refer only to the aesthetics of surfaces and quantities, and to how such an aesthetics is premised on the capacity of things to hypnotize, overexcite or paralyze the senses. To my mind, superfluity refers also to the dialectics of indispensability and expendability of both labor and life, people and things. It refers to the obfuscation of any exchange or use value that labor might have, and to the emptying of any meaning that might be attached to the act of measurement or quantification itself, insofar as numerical

representation is as much a fact as it is a form of fantasy. But the abolition of the very meaning of quantification, or the general conversion of number into fiction, is also a way of writing time, of forgetting and remembering.[10]

Le superflu ne renvoie donc pas simplement à l'esthétique des surfaces et des quantités, ou à la façon dont une telle esthétique se fonde sur la capacité des choses à hypnotiser, surexciter ou paralyser les sens. Il indiquerait aussi valablement, estime Mbembe, la dialectique du caractère indispensable et non indispensable du travail et de la vie, des gens et des choses. Suivant les propositions théoriques d'Achille Mbembe, on entendra alors par *mimesis* la capacité du « même » de s'identifier ou d'établir des similarités avec un « autre » sans pour autant se confiner à cette ressemblance. La *mimesis* dans ce sens serait alors l'aptitude à être soi par rapport à un autre avec qui on établit des similarités, tout en inventant quelque chose d'original. Dans ce sens *The Heart of Redness* semble offrir une voie, ou en tout cas mettre en avant des prolégomènes pour une *mimesis* africaine. Cette voie, le roman ne la suggère pas du côté de l'hybridité, ni celui de la pureté, mais en offrant une figure éthique du « soi même comme un autre » qui resterait cependant soi, c'est-à-dire original. Dans le cas de l'Afrique du Sud post apartheid, comme dans celui de l'Afrique post indépendance, il s'agit en effet de construire des identités qui soient le point d'intersection entre le passé et le futur, et dont le présent évite d'être une pâle copie des valeurs importées de l'Occident. C'est une tâche qui incombe tant aux écrivains, créateurs de fiction, qu'aux critiques. Pour ce qui est de la critique, je prenais mes distances au début de cette réflexion d'avec une lecture – sanction qui rangerait *manu militari The Heart of Redness* dans la catégorie de réalisme magique comme seule innovation du roman. La raison fondamentale de cette réticence est qu'en collant

---

[10] Achille Mbembe "Aesthetics of superfluity", *Public culture* 16.3(2004), pp.374-375.

d'office l'étiquette de Gabriel Garcia Marquez à Zakes Mda, la critique risque de réduire directement le roman à la place d'un morceau ethnographique qui ne vaudrait que par son côté magico-anthropologique. Or il me semble que *The Heart of Redness* en tant qu'écriture d'une histoire et positionnement par rapport à elle invite le lectorat à se réinterroger sur un triple plan fondamental : Qu'est-ce qui fait la valeur d'une œuvre africaine ? Qui en est l'instance de légitimation ? Et que peut y tirer l'Afrique pour qui, du reste, les spectacles réalistes magiques ne sont plus une surprise s'ils existent ? Un début de réponse à ces questions est contenu dans le roman de Zakes Mda.

C'est en effet dans la tension générée par ces questions que se trouve Camagu, le héros du roman. Titulaire d'un Doctorat des universités américaines, le personnage principal de *The Heart of Redness* retourne sur les traces de ses origines, le pays natal. À la grande surprise du lecteur habitué dans la fiction africaine à l'exil de l'Afrique vers l'Occident, Camagu décide de rester en Afrique du Sud, renonçant ainsi au « pays des hommes libres », les États-Unis d'Amérique, « the land of the free and the brave. » (HR, 67) Pire encore, il initie un voyage à l'envers, du global vers le local, des États-Unis vers l'Afrique du Sud et de Johannesburg au petit village de Qolorha. Rappelant l'itinéraire déjà assez spectaculaire de la ville au village qu'entreprenait Ebla dans *From a Crooked Rib* de Nuruddin Farah[11] et qui signalait déjà les limites d'une critique du roman africain de la période (post)coloniale entièrement basée sur l'exode rurale, Camagu vient à son tour apporter une nuance à la position de Mohamadou Kane sur les migrations dans le roman africain quand il écrit à propos des itinéraires migratoires dans le roman africain que « l'exode traduit un départ de la tradition. »[12] Cependant, le héros de Zakes Mda va se heurter à l'hostilité du pays duquel il avait été exilé au début des années 1960. À ce niveau, force est d'admettre avec

---

[11] Nuruddin Farah, *From a Crooked Rib*, London, Penguin Books, 1970.
[12] Mohamadou Kane, *Roman africain et tradition*, Dakar, NEA, 1982, p.200.

Ambroise Kom qu' « il n'y a pas de retour heureux », et l'on peut même dire qu'à première vue *The Heart of Redness* est « une mise en garde en direction des Africains qui séjournent trop longtemps en Occident en oubliant de se tenir au courant des évolutions que subissent les pays du continent. La qualité du retour, [suggère le roman], est étroitement liée à la maîtrise du terrain et de la psychologie des acteurs en place. »[13] Cette conclusion de Kom est d'autant plus juste que Camagu est complètement étranger à la maison, dans son pays natal. Bien que nanti d'un Doctorat, Camagu est un « black tourist » qui ne sait pas danser la « freedom dance » (*HR*, 31). On verra le même Camagu à plusieurs reprises être sous-estimé et dédaigné à cause de son étrangeté dans son pays natal. Comme le commente magistralement Rita Barnard, il y a inadéquation entre les valeurs qu'incarne Camagu et les conditions de développement en vigueur dans son pays. Rita Barnard écrit fort à propos :

> In Johannesburg's new economy of signs, the usefulness of his American Ph.D. and his experience in international communications pales in comparison to the display value of "beautiful men and women" who are willing to be exhibited as emblems of black economic empowerment in the 'glass affirmative action offices' of corporations. If Camagu's talents are too cosmopolitan to find favor in the national metropolis, those of the deceased migrant Twin (whose wake Camagu decides on a whim to join) are too parochial.[14]

On peut y ajouter en effet que Camagu est frappé par le spectacle de la mort qui hante littéralement Johannesburg, de même que par la montée en puissance d'une éthique du laid et de l'abject. Pris au piège du mal et de la nouvelle bourgeoisie post apartheid en Afrique du

---

[13] Ambroise KOM, « Il n'y a pas de retour heureux », Mots pluriels (2000), motspluriels.arts.uwa.edu.au/MP2002ak.html

[14] Rita Barnard, op.cit, p.160

Sud, Camagu décide d'entreprendre un voyage aux confins de ce que j'ai appelé plus haut une *mimesis* africaine.

L'arrivée de Camagu à Qolorha va en effet changer la configuration du village. À travers le triangle amoureux dans lequel se trouve le protagoniste (entre NomaRussia, Qukezwa et Xoliswa Ximiya), Zakes Mda ouvre résolument la voie en libérant un personnage à l'autonomie et la fonctionnalité différentielle remarquables. Camagu est indépendant de tout et de toute chose y compris ses amours et il va se poser en catalyseur pour le village. S'il est vrai que son opposition au projet de construction d'un casino se solde par le succès, il n'en demeure pas moins pertinent que le processus qui mène à cette sanction positive est intéressant. Camagu opte en fait pour le maintien et la sauvegarde de « l'arbres à palabres ». Le conflit d'idée qui l'oppose à Xoliswa Ximiya en dépit de leurs attirances sexuelles est symptomatique de cette option pour l'ouverture vers le « moderne » dans la sauvegarde des valeurs culturelles africaines. Ce jeu aux frontières de la modernité et de la tradition se fait par la création d'un espace intermédiaire, une espèce de lieu médian qui serait celui de l'émergence et de l'affirmation du sujet africain. Si Xoliswa Ximiya voit en les jupes isikhakha un élément de survivance de la « barbarie », Camagu y voit l'affirmation de l'héritage culturel africain, ainsi que le positionnement de l'africain par rapport à la signification exacte du concept de « civilisation ». Car en réalité, depuis la colonisation, l'imaginaire africain est enfermé dans une définition de la civilisation qui renvoie au « superflu » dont parle Mbembe, et qui transparaît dans l'image des casinos superposés à celle des mines d'or de Johannesburg : « while husbands toil in the mines of Johannesburg, their wives will be gambling their sweat away. » (*HR*, 117) En clair, Camagu marque doublement son refus de rejeter sa culture, ainsi que son affirmation positive pour une critique écologique. En s'opposant à la destruction des arbres et à la pollution de la mer, il met en avant la protection de l'environnement comme aspect crucial et pourtant longtemps négligé d'une *mimesis* africaine ou alors d'un refus du dictat occidental. La résistance à l'hégémonie occidentale passe aussi par la préservation de la nature. Cette *mimesis* africaine passe également par une question fondamentale autour du concept de développement. Le développement économique et structural étant une nécessité, la question demeure cependant de savoir à quel prix l'Afrique doit-elle se développer? L'accès à la « civilisation » devrait-elle être synonyme de mimétisme irréfléchi et de marchandage des valeurs locales par acceptation de valeurs étrangères sans réserves et sans conditions? L'insertion dans la modernité dépend-elle foncièrement de l'ablation de leurs mémoires par les peuples africains?

Le roman de Zakes Mda répond à ces questions par la négative : on voit bien comment à la fin de ses péripéties Camagu réussit à concilier valeurs importées et richesses africaines. Ce n'est donc pas d'une hybridité culturelle qu'il s'agit, dans la mesure où la rencontre des deux cultures ne forme pas un « soi » et un « autre » réunis en une seule entité qui dialogue sans conflits, mais un « soi » bien identique qui emprunte à l' « autre » tout en restant original. Ce n'est par conséquent pas un hasard si l'arbre qui revient sans cesse dans la fiction est un figuier. À partir de l'image du figuier desséché qui régénère dans la Bible utilisée pour abrutir les peuples colonisés, se dégagent trois interprétations. D'abord, l'on pourrait dire que par le truchement de la migration de Camagu de l'Occident vers l'Afrique, *The Heart of Redness* est une mise en avant de la renaissance africaine, une replongée dans les fonds baptismaux de la vraie indépendance par le biais de profanations comme celle de Camagu. Ensuite, on pourrait reprendre Michiel Heyns sur John Michael Coetzee et Morgan Serote, et dire que The *Heart of Redness* postule sinon une renaissance, du moins une culture de survie, « [Zakes Mda and *The Heart of Redness*] look forward, however tentatively, to the birth that follows blood – if not as an ethical universal, then at least as a more helpful manifestation of a culture of survival. »[15] Enfin, et c'est ma troisième interprétation, *The Heart of Redness* se sert du thème de la

---

[15] Michiel Heyns, "An Ethical universal in the postcolonial novel. 'A certain simple respect'?" in John Forster and Jeffrey Forman (Ed.), *Thresholds of Western Culture: Identity, Postcoloniality, Transnationalism*, New York, Continuum, 2002, p.113.

migration pour proposer une réflexion métafictionnelle : le retour de Camagu en Afrique du Sud semble mimer celui, littéraire et esthétique, de Zakes Mda vers la redécouverte de l'ordinaire comme voie de renouvellement de l'esthétique littéraire en Afrique du Sud, une redécouverte de l'ordinaire suggérée quelques temps plus tôt par Njabulo Ndebele qui indiquait une relation étroite entre littérature et société : « If it is a new society we seek to bring about in South Africa then that newness will be based on a direct concern with the way people actually live. »[16]

En effet, introduisant ce qu'il perçoit par la redécouverte de l'ordinaire, Njabulo Ndebele commence par qualifier la littérature en Afrique du Sud pendant l'Apartheid de culture du spectacle. Pour Ndebele, le *spectaculaire* se caractérise ainsi qu'il suit:

> The spectacular documents; it indicts implicitly; it is demonstrative, preferring exteriority to interiority; it keeps the larger issues of society in our minds, obliterating the details; it provokes identification through recognition and feeling rather than through observation and analytical thought; it calls for emotion rather than conviction; it establishes a vast sense of presence without offering intimate knowledge; it confirms without necessarily offering a challenge. It is the literature of the powerless identifying the key factor responsible for their powerlessness. Nothing beyond this can be expected of it.
>
> Every convention will outlive its validity. Judging from some aspects of the new writing that has emerged recently from the South African townships, one can come to the conclusion that the convention of the spectacular has run its course. Its tendency either to devalue or to ignore interiority has placed it firmly in that aspect of South African society that constitutes its fundamental weakness. South African society, as we have seen, is

---

[16] Njabulo Ndebele, *Rediscovery of the Ordinary. Essays on South African Literature and Culture*, Scottsville, University Of KwaZulu-Natal Press, 2006, p.52.

a very public society. It is public precisely in the sense that its greatest aberrations are fully exhibited.[17]

En d'autres termes, il s'agit d'une littérature qui focaliserait énormément sur le politique, perdant ainsi de vue le quotidien social. Ndebele ne propose pas de rupture radicale entre éthique et politique, mais fait le réquisitoire d'une nouvelle approche de l'objet littéraire qui, sans passer sous silence les possibles politiques, s'intéresseraient de manière plus systématique aux « détails » parfois simplement négligés dans l'analyse « traditionnelle » de la fiction sud africaine en particulier et africaine en général. Voici en quels termes Ndebele appelle une autre lecture critique qui suivrait les mutations esthétiques récentes dans le texte africain :

> Clearly, the culture of the spectacular, in not permitting itself the growth of complexity, has run its course. I now want to introduce some of the new work that seems to me to break with this tradition of spectacle. It is as if these writers have said the spectacular ethos has been well documented and is indelibly a deep aspect of our literary and national history. There should be no anxiety that its legitimate political springs are about to run dry. The water will continue to flow, only it is destined to become sweeter, if only because more life-sustaining minerals, the minutes essences, will have been added to it.[18]

Plus loin, commentant l'œuvre post apartheid de Michael Sulima, Njabulo Ndebele marque les moments de rupture de la fiction de Sulima d'avec une certaine obsession du « spectaculaire », autrement dit de toute opposition politique binaire et donc, manichéenne et classique. Pour lui, Sulima donne à son œuvre une dimension forte en dépassant le spectacle pour révéler la connaissance nécessaire de la réalité qui prévaut.

---

[17] Ibid. pp.41-42.
[18] Ibid, pp.42-43.

Ainsi, pour Ndebele, l'histoire que raconte Sulima est en elle-même une démonstration de ses intentions :

> [It] is an analytical story; a story designed to deliberately break down the barriers of the obvious in order to reveal new possibilities of understanding and action. In other words, Sulima has rediscovered the ordinary. In this case, the ordinary is defined as the opposite of the spectacular. The ordinary is sobering rationality; it is the forcing of attention on necessary detail. Paying attention to the ordinary and its methods will result in a significant growth of consciousness [...] Where before the South African reality was a symbol of spectacular moral wrong, it is now a direct object of change[19].

Suivant les conclusions de Njabulo Ndebele sur le travail de Michael Sulima, je soutiens que Zakes Mda a lui aussi redécouvert l'ordinaire au moyen de la mise en fiction de la migration à l'envers. Du coup, bien plus qu'un thème, la migration dans le roman de Zakes Mda devient une catégorie esthétique, étant donné qu'elle autorise la lecture du roman au-delà de la binarité tradition/modernité à laquelle il est souvent réduit, et met en avant son innovation purement esthétique. La redécouverte de l'ordinaire ainsi repérée chez Zakes Mda, en tant qu'elle se singularise par la migration comme élément déclencheur qui autorise et valide la focalisation conséquente sur le détail de la vie quotidienne, rappelle que les problèmes de la formation sociale en Afrique du Sud ne peuvent être réduits à une formulation simple, ainsi que l'indique Njabulo Ndebele, ni même à un schéma migratoire établi qui aurait pour point de départ l'Afrique et l'Occident pour point d'arrivée.

Au regard de ce qui précède, il semble tout à fait légitime de concevoir *The Heart of Redness* comme un projet doublement éthique centré sur l'éthique de l'auteur et sa proposition d'une *mimesis* africaine. De ce point de vue, j'accorde sans réserves mes violons à

---

[19] Ibid, p.46.

ceux de David Attwell pour qui le roman de Zakes Mda prend ses distances d'avec les thèmes de l'Apartheid et ses conflits de race, et s'attèle plutôt à ouvrir une fenêtre sur le positionnement et l'apport de l'Afrique dans sa rencontre avec la modernité : « Instead of focusing on racial conflict, or apartheid and its counter-histories, *The Heart of Redness* foregrounds the encounter with modernity, not as completed event, but as unfinished business, over which the amaXhosa – and through figures such as Dalton and Camagu, South Africans in general – must take charge. »[20] Je soutiens en effet que l'itinéraire atypique de Camagu, à savoir sa migration de l'occident vers l'Afrique est, dans *The Heart of Redness*, le moment climatérique de l'émergence du concept de modernité et partant, l'instant de la mise en avant de la nécessité d'une *mimesis* africaine. En pensant à d'autres écrivains africains francophones et anglophones tels Mongo Beti et Nuruddin Farah déjà cités, ou Aminata Sow Fall[21] qui redécouvrent l'ordinaire longtemps relégué au second plan de l'Afrique, j'ajouterais à la pensée de David Atwell que Zakes Mda se situe par son écriture en bonne place dans une visée éthique panafricaine. Les parenthèses qu'ouvre *The Heart of Redness* autour des questions d'identité, de mémoire et de civilisation dépassent largement le cadre de l'Afrique du Sud dont l'écrivain s'inspire. Comme ses confrères africains dont quelques uns ont été mentionnés ci-dessus, Zakes Mda par son écriture « redécouvre l'ordinaire » (Ndebele) par le biais de la migration à laquelle la critique n'a pas beaucoup prêté attention en analysant son texte. Ces nouvelles fictions africaines, quoique parfois lieu de la violence absolue, dépolarisent l'imaginaire des questions de race ou de rapport explicite à la mondialisation pour cependant poser la même question à partir d'une réflexion sur « l'ordinaire », à savoir le banal de l'intérieur de leur société.

---

[20] David Atwell, *Rewriting Modernity. Studies in black South African literary history*, Athens, Ohio University Press, 2005, p.196.
[21] Aminata Sow Fall, *La grève des Battu*, Paris, Serpent à Plumes, 2001.

Comme l'a noté Njabulo Ndebele, la nouvelle génération d'écrivains sud africains a la délicate mission de faire face à la tragédie de l'histoire et partant, la responsabilité de créer une nouvelle société, création qui passe par l'attention au détail et le retour dans la fiction sur l'ordinaire de la vie quotidienne : « Young writers appear to have taken up the challenge, albeit unwittingly. They seemed prepared to confront the human tragedy together with the demand to create a new society. This demands an uncompromisingly toughminded creative will to build a new civilisation. And no civilization worth the name will emerge without the payment of disciplined and rigorous attention to detail. »[22] Pour que l'Afrique accède à cette modernité, le continent doit travailler à libérer son présent de son passé sans pour autant l'effacer, en réfléchissant aux voies et moyens par lesquels le souvenir constituera le point de départ de la *mimesis*, ce qui dans la pensée d'Achille Mbembe correspond à l'ultime liberté. Par la mise en perspective de la migration de son protagoniste, laquelle permet de dégager les prolégomènes pour une éthique africaine de développement, Zakes Mda réaffirme la place et le rôle de l'intellectuel africain dans la marche de l'Afrique vers une place dans la production du savoir en vue d'une participation à « l'éthique universelle ». En raison de quoi je reprends les mots suivants de Nelson Mandela dans la préface d'un essai sur la littérature sud-africaine : « Ces textes permettent de comprendre le chemin accompli et certains des problèmes qu'il a fallu affronter en cours de route. En même temps, ils ouvrent une perspective sur les défis et les riches possibilités qui nous attendent. La qualité de notre liberté dépendra de nos écrivains et de nos intellectuels, tout comme les conditions présentes de cette liberté ont été obtenues grâce à leur contribution. »[23] Et à n'en point douter, la perspective écologique en Afrique est un déterminant incontournable du positionnement

---

[22] Ndebele, op.cit. p.53.
[23] André Brink, *Retour au jardin du Luxembourg. Littérature et politique en Afrique du Sud (1982-1998)*, Paris, Stock, 1999, p.9.

géopolitique du continent, ainsi que le suggère fortement le roman de Zakes Mda.

Au total, *The Heart of Redness* est donc en lui-même ce qu'il postule, l'arbre à palabres où l'Afrique du Sud et plus généralement l'Afrique toute entière doit retourner de sa migration multiforme (physique et spirituelle) pour penser sa condition post-indépendance de façon rigoureuse, gage de sa survie et de son insertion dans la modernité, s'il en est.

Références

Agamben, Giorgio. *Moyens sans fins. Notes sur la politique*, Paris, Rivages Poche, 2002. [1995]

Atwell, David. *Rewriting Modernity. Studies in black South African literary history*, Athens, Ohio University Press, 2005.

Barnard, Rita. *Apartheid and Beyond. South African Writers and the Politics of Place*, New York, Oxford University Press, 2007.

Boto, Eza. *Ville cruelle*, Paris, Présence Africaine,1954.

Brink, André. *Retour au jardin du Luxembourg. Littérature et politique en Afrique du Sud 1982-1998*, Paris, Stock, 1999.

Césaire, Aimé. *Discours sur le colonialisme. Œuvres Complètes*, Paris, Editions Désormeaux, 1976.

Farah, Nuruddin. *From a Crooked Rib*, London, Penguin Books, 1970.

Heyns, Michiel. "An Ethical universal in the postcolonial novel. 'A certain simple respect'?" in John Forster and Jeffrey Forman (Ed.), *Thresholds of Western Culture: Identity, Postcoloniality, Transnationalism*, New York, Continuum, 2002: 103-113.

Huggan, Graham. *The Post-colonial exotic. Marketing the margins*, New York, Routledge, 2001

Kane, Mohamadou. *Roman africain et tradition*, Dakar, NEA, 1982.

Kom, Ambroise. « Il n'y a pas de retour heureux », Mots pluriels (2000), motspluriels.arts.uwa.edu.au/MP2002ak.html

Mbembe, Achille. "Aesthetics of superfluity", *Public culture* 16.3(2004): 373-405.

MDA, Zakes. *The Heart of Redness*, New York, Picador, 2000.

Ndebele, Njabulo. Rediscovery *of the Ordinary. Essays on South African Literature and Culture*, Scottsville, University Of KwaZulu-Natal Press, 2006.

Offenburger, Andrew. "Duplicity and Plagiarism in Zakes Mda's *The Heart of Redness*", *Research in African Literatures*, 39.3 (2008):164-179.

Oyono, Ferdinand. *Le vieux nègre et la médaille*, Paris, Julliard, 1956.

Sow Fall, Aminata. *La grève des Battu*, Paris, Serpents à Plumes, 2001.

Vattimo, Gianni. *Après la chrétienté. Pour un christianisme non religieux*, Paris, Calman Lévy, 2004.

6

Lecture écocritique des paysages de l'enfance dans les albums illustrés de Dominique Mwankumi

Anne Cirella-Urrutia
Huston-Tillotson University, Austin, Texas

« Je viendrais à ce pays mien et je lui dirais: Embrassez-moi sans crainte...Et si je ne sais que parler, c'est pour vous que je parlerai.»
Aimé Césaire -- *Cahier d'un retour au pays natal*

L'évolution du contexte mondial depuis les dernières décennies a fait de la pluralité des cultures une question sensible et centrale. Sur le plan international, d'abord, la mondialisation a accéléré la prise de conscience du multiculturalisme de notre planète. Bien que porteuse de potentialités nouvelles en matière de diffusion, de communication et de développement des industries culturelles, elle va cependant de pair avec les risques d'homogénéisation des cultures et de marginalisation des sociétés les plus fragiles. À l'échelle nationale, ensuite, la mise en contact de divers ensembles socioculturels sous les effets combinés de l'urbanisation et des flux migratoires s'est traduite par l'émergence d'une diversité interne, le plus souvent urbaine et cristallisée autour des « villes-monde »[1]. Étant donné ce contexte multiculturel et l'héritage postcolonial de la France, une vaste partie du champ théorique sur l'édition de la littérature de jeunesse dans ce pays s'intéresse au concept clé de l'identité. Sont cependant rarement formulées, les tensions résultant des divergences entre la construction, essentiellement fondée sur l'altérité, de la France et de ses sujets ouest-africains, maghrébins ou antillais à l'époque coloniale

---

[1] Je recommande l'étude récente de Verena Andermatt CONLEY, *Spatial Ecologies: Urban Sites, State and World-Space in French Cultural Theory*, Liverpool, Liverpool University Press, 2012, p. 29-46.

d'une part et, d'autre part, les réalités nouvelles de ces mêmes sujets, désormais ex-colonisés, dans la France d'aujourd'hui face à une économie globale.[2] L'édition de jeunesse semble vouloir apporter des réponses aux problèmes d'intégration et de maintien du lien social. Selon L. Alcoff, la formation de l'identité nationale en France est au cœur d'une relation entre l'individu et les autres. Ce nouvel horizon est ainsi façonné consciemment et inconsciemment par de multiples groupes sociaux autour des concepts d'appartenance et de sexe[3]. Dans son introduction de « Quand flambent les bibliothèques: une révolution copernicienne dans l'édition », Jean Perrot, grand spécialiste de la littérature de jeunesse en France, soulève une question légitime autour du débat multiculturel et appelle à représenter « les voix étrangères ». En prenant comme point de référence l'étude de l'Américaine Dianne Johnson-Feelings intitulée *Telling Tales, The Pedagogy and Promise of African American Literature for Youth* (1990)[4], Perrot s'interroge sur l'absence d'études critiques dans le domaine de la littérature de jeunesse en France et préconise l'essor d'une littérature multiculturelle écrite par des Africains pour les besoins des multiples communautés en France et ailleurs. En réponse à cette absence notée au début des années 1990, il décrit les nouvelles tendances dans la littérature de jeunesse depuis 1960 et donne des pistes pour pallier la carence d'un corpus de textes multiculturels qui s'adressent à de jeunes lecteurs[5]. Jean Perrot souhaite donc établir un lien entre le débat pressant sur la question multiculturelle en France

---

[2] Voir le chapitre 7 « African Youth in the Global Economy » dans l'étude de Dominic THOMAS, *Black France : Colonialism, Immigration, and Transnationalism*, Bloomington, Indiana University Press, 2007, p. 185-205.

[3] L. ALCOFF, *Visible identities*. Oxford, Oxford University Press, 2006, p. 102.

[4] Dianne JOHNSON-FEELINGS, *Telling Tales, The Pedagogy and Promise of African American Literature for Youth*. New York: Greenwood Press, 1990

[5] J. PERROT et Pierre BRUNO, *La littérature de jeunesse au croisement des cultures*, Créteil, CRDP., 1993, p.7-19.

Je recommande aussi de lire la recension suivante : Jean PERROT, « Mondialisation et littérature de jeunesse », *BBF*, 2009, n° 2, p. 125-126 [en ligne] <http://bbf.enssib.fr/> Consulté le 10 mars 2013 et Jean PERROT, *Mondialisation et littérature de jeunesse*, Paris, Éditions du Cercle de la librairie, 2008

et l'urgence de voir se développer au sein des écoles un corps croissant d'œuvres de jeunesse multiculturelles.

Dans ce contexte, la littérature de jeunesse cherche à élucider les changements relatifs à l'identité française face à la mondialisation[6]. Ces dernières années, la littérature de jeunesse a fleuri en Europe et en Afrique et a gagné en popularité comme jamais auparavant. En effet, cet essor dans l'édition de jeunesse a suscité l'intérêt d'institutions universitaires comme, par exemple, l'Institut Charles Perrault et bon nombre d'écrivains de jeunesse. Bien que ce chapitre ne puisse prétendre à une analyse approfondie de l'édition de jeunesse en France, il peut néanmoins suggérer certaines pistes de lecture avec les albums du Congolais Dominique Mwankumi publiés par L'école des loisirs à Paris. Cet artiste africain propose une démarche multiculturelle et une réponse écologique aux défis que pose la France postcoloniale à la jeunesse. Mwankumi, auteur de jeunesse congolais, peintre, illustrateur et dessinateur crée ce lien social par-delà les tentations de repli identitaire et présente une unité culturelle qui assure en même temps le respect des différences. À travers ses albums, Mwankumi éveille chez les jeunes lecteurs une conscience multiculturelle et écologique. Le quotidien des enfants africains est bien différent de celui des enfants qui grandissent dans l'Hexagone. Comme il l'explique dans un de ses entretiens au sujet de la réception de *La pêche à la marmite* en France :

> [Mes] albums ont plu, tout de suite, aux enfants, petits et grands. À ce sujet, j'aime me souvenir d'une de mes signatures dans une école de France. Un enfant est venu m'apporter son dessin pour me montrer **SA** pêche à la marmite. Il s'était approprié l'histoire et avait redessiné la scène à sa manière. C'était très émouvant. Ceci prouve qu'il n'y a pas de différence entre les enfants quel que soit leur pays. Ils appartiennent à un même monde, un monde à

---

[6] Sarah WATERS, «Globalization and French Identity», Between *Republic & Market : Globalization and Identity in Contemporary France*, London & New York, Continuum, 2012, p. 14-50.

part avec un langage, une vision et des règles qui leur sont propres. Le petit blanc de 8 ans s'identifie au petit noir de 8 ans. C'est la situation qui les intéresse.[7]

Ses albums reflètent la pluralité des cultures qui coexistent en Afrique (notamment en République Démocratique du Congo) avec un traitement du concept de multiculturalisme ancré dans une vision écologique comme le propose cet essai ; deux concepts clés qui apparaissent tour à tour dans les années 1990 et 1980.[8] Ils développent un dialogue pertinent sur le plan national d'une part et sur le plan mondial d'autre part où la problématique du multiculturalisme est élargie et englobe désormais des paramètres économiques, sociaux et environnementaux internes et externes à la France. Les questions d'intégration, de maintien du lien social et de citoyenneté, notamment, sont inséparables de celle de la pluralité des cultures mais aussi du débat pressant autour de la question de l'environnement. Ces questions confirment la nécessité et l'urgence de préserver la diversité culturelle où coexistent cultures minoritaires et cultures dominantes, en même temps que l'espace physique et social dans lequel chaque culture s'inscrit. L'édition de ces albums de jeunesse sur l'Afrique coïncide avec un système éducatif qui doit faire face aux enjeux qui s'imposent à la France multiculturelle. Ce sont ces défis que Mwankumi tente de relever en tant qu'auteur et illustrateur.

---

[7] Correspondance avec l'auteur en date du 15 mai 2003 au sujet de *La pêche à la marmite*. Je recommande également de consulter le site officiel de l'auteur et la galerie d'œuvres URL: http://www.dominiquemwankumi.fr

[8] Dans les années 1980, des chercheurs de la Western Literature Association, ont travaillé ensemble pour l'établissement de l'écocritique (ou *écocriticism*) en tant que discipline. En 1990, à l'université du Nevada à Reno, Glotfelty devient la première personne en tant que professeur de littérature et d'environnement. ASLE (The Association for the Study of Literature and Environment) devient alors une organisation avec des milliers de membres aux Etats-Unis. Après 1990, de nouvelles branches de l'ASLE sont établis en Angleterre, au Japon, en Australie, en Nouvelle-Zélande, en Inde, à Taiwan et en Europe.

Les albums illustrés d'enfance : nouvel espace littéraire pour une lecture multiculturelle et écocritique

Dans un essai intitulé « How Picture Books Work: A Semiotically Framed Theory of Text - Picture Relationships. » Lawrence Sipe remarque que, dans l'album illustré, le verbal et le visuel convergent et offrent « une relation synergique dans laquelle l'effet total dépend non seulement de l'union du texte et des illustrations, mais aussi de la perception des interactions ou transactions entre ces deux parties. »[9] Non seulement le lien entre le texte et l'image participent au développement de l'intrigue mais il est essentiel car il construit la signification même à l'intérieur du texte. Dans le domaine relativement nouveau de la recherche sur les albums illustrés, l'idée selon laquelle les livres d'images sont complexes et peuvent incorporer plusieurs thèmes en même temps est reprise par de nombreux critiques[10]. C'est d'ailleurs ce qui permet à la littérature de jeunesse en France de faire écho au débat autour du multiculturalisme et aux questions environnementales sans occulter la dimension ludique propre à ce genre littéraire. Cette association du ludique et du sérieux en vue de répondre aux attentes d'un lectorat jeune nous amène à réexaminer les enjeux de la question multiculturelle et à réorienter notre approche de la problématique environnementale.

La critique environnementale ou écocritique s'avère un excellent outil pour l'analyse de la littérature d'enfance dans un contexte multiculturel et comme réponse à la mondialisation. L'un des ouvrages clés qui pose les fondements de cette nouvelle approche théorique a vu le jour aux États-Unis dans les années 1990. Lawrence Buell, dans *The Environmental Imagination* (1995), propose le concept

---

[9] La traduction est la mienne. Lawrence SIPE, «How Picture Books Work: A Semiotically Framed Theory of Text- Picture Relationships», *Children's Literature in Education*, 29 (1998) 2, p. 98-99.

[10] Perry NODELMAN rend compte de trois histoires inhérentes à tout album illustré: celle des images, celle de la narration textuelle et enfin l'effet combiné des deux dans le chapitre intitulé «Decoding the Images: How Picture Books Work», Peter HUNT, éd., *Understanding Children's Literature*, Oxon & New York : Routledge, 1999, p. 128.

d'*environmentality* qu'on peut appliquer à un texte à la fois dans sa composition, dans son expression et dans sa réception car, soutient-il, toute représentation de l'espace ou de ce qu'il nomme *the where* importe[11]. Les choix de l'auteur sont, selon Buell, éloquents tant du point de vue esthétique que conceptuel et langagier. Kerry Whiteside, par exemple, dans *Divided Natures : French Contributions to Political Ecology* (2002) élargit l'approche environnementaliste adoptée par la critique en France en faisant référence à tout un réseau d'interprétations d'ordre psychologique, sociologique ou littéraire d'un discours politique, philosophique ou scientifique au sujet d'un milieu (urbain, naturel, social, institutionnel) et des rapports entre ce milieu et les individus.[12] Karla Armbruster et Kathleen Wallace souhaitent que l'écocritique aille plus loin et qu'elle ouvre davantage ses horizons pour inclure les disciplines artistiques, cinématographiques, dramatiques et de nouveaux environnements comme les milieux urbains, industriels et technologiques[13]. Tous ces chercheurs ont en commun l'inscription de leurs réflexions dans la critique littéraire, ce qui met en exergue l'importance que la littérature en tant que « véhicule » d'une pensée écopoétique occupe dans le développement d'une conscience écologique. Buell en appelle à la responsabilité des êtres humains sur leurs actions car celles-ci ont des conséquences plus ou moins immédiates sur l'environnement et sur la planète d'une façon générale. La littérature, qui est un moyen d'intervention sur les générations à venir, transmettra à ces dernières des valeurs écologiques et les poussera à agir contre la destruction progressive de la Nature. Enfin, Buell consacre une partie de son

---

[11] Lawrence Buell, *The Environmental Imagination: Thoreau Nature Writing, and the Formation of American Culture*, Cambridge (MA), The Belknap Press, 1995. Je recommande aussi l'entrevue de Lawrence Buell par Julia Fiedorczuk «The problems of environmental criticism: an interview with LawrenceBuell» URL de référence: http://www.academia.edu/438091/Interview_with_Lawrence_Buell

[12] Kerry Whiteside, *Divided Natures: French Contributions to Political Ecology*, Boston, MA: MIT, 2002.

[13] Karla ARMBRUSTER, Kathleen R. WALLACE, *Beyond Nature Writing: Expanding The Boundaries of Ecocriticism*, Charlottesville, University of Virginia Press, 2001, p.1-19.

étude à des œuvres littéraires où l'environnement, les paysages, la nature ne sont plus des décors mais des protagonistes à part entière. L'écocritique se caractérise donc par sa perspective écologique/écologiste qui conçoit la nature comme un ensemble de connexions d'une part et, d'autre part, comme un produit des structures linguistiques dans un champ littéraire.

Mwankumi relaye cet engagement en faveur de l'environnement dans toute son œuvre illustrée, nous invitant, en quelque sorte, à adopter une lecture écocritique. Il serait donc enrichissant d'analyser cette œuvre à la lumière des études de Whiteside ainsi que de celles des représentants de la critique environnementale anglo-saxonne comme Buell, Glotfelty, de même que de celles, plus récentes, de Garrard et Heise sur les relations entre la littérature, l'auteur et la nature. Mon objectif est donc d'engager la réflexion sur les moyens mis en œuvre par certains écrivains de jeunesse en réponse à la mondialisation et sur l'urgence de diffuser, au même titre que la plupart des industries, l'édition des livres de jeunesse hors de leurs limites sociales, économiques et territoriales[14]. Plus particulièrement, à travers une analyse écocritique, je propose de rendre compte des enjeux qu'impose la mondialisation aux auteurs de jeunesse, comme par exemple le statut des enfants africains au sein de leur communauté et en dehors de celle-ci ainsi que le rapport que ces enfants entretiennent avec leur environnement naturel (qu'il soit rural ou urbain). Aussi, ma lecture de l'environnement chez Mwankumi partira-t-elle des prémisses proposées par Buell et examinera, d'une part, les habitats que Mwankumi met en valeur et d'autre part, l'ensemble des rapports existant entre ces habitats et les humains, en l'occurrence les garçons et les adolescents qui sont les principaux protagonistes de ses albums. L'objectif ultime est de cerner la conscience écocritique du monde que pointe cette modalité de lecture des textes qui s'attarde sur toutes les structures du vivant, sur l'origine de la diversité biologique, de même que sur celle des habitats et des

---

[14] Voir l'étude de Teresa STRONG-WILSON, «Moving Horizons: Exploring the Role of Stories in Decolonizing the Literacy Education of White Teachers». *International Education*, Vol. 37, Issue1, 2007, pp. 114-132.

régions. Mwankumi assimile totalement le rôle que Buell reconnaît à l'écrivain, à savoir la promotion du métier d'illustrateur à travers le texte et les illustrations, dont le dessein est d'éveiller chez ses jeunes lecteurs une vision et une perception du monde plus élargies, grâce auxquelles les jeunes lecteurs pourront arriver à des réflexions personnelles à l'égard de leur propre environnement et de la planète. Grâce à une analyse visuelle et textuelle de quatre de ses albums, je tenterai d'examiner comment l'auteur décrit la relation entre l'environnement et le statut de l'enfant au sein de diverses communautés rurales ou urbaines de la République Démocratique du Congo.

L'habitat fluvial chez Mwankumi : une enfance au cœur de la vie communautaire

Les albums de Mwankumi présentent des aspects fondamentaux de la vie quotidienne des enfants congolais en milieu rural, en particulier celle des garçons et des jeunes adolescents. À travers une narration de type reportage, l'auteur présente des aspects-clés de la littérature de jeunesse africaine en tant que revendication de communautés situées hors du pays d'accueil de l'auteur (notamment la Belgique et la France) et de sa propre expérience ancrée dans le registre de l'enfance. Dans une entrevue faite avec L'école de loisirs au sujet de *Wagenia*, Mwankumi confirme sa vision en tant qu'écrivain de jeunesse et son rôle au sujet de l'éveil autour de la question de l'environnement :

> Aujourd'hui quand on est né en Europe, les enfants pensent que les poissons viennent dans des supermarchés, disons dans les boites de conserve, […] ils ne savent pas qu'il y a toute une activité qui est derrière. […] Il y a l'histoire qui est là et qui est la vie de tous les jours. Il y a aussi la dimension artistique, la dimension culturelle et donc on est à plusieurs niveaux. Et donc ça permet aux enfants de s'enrichir *mutuellement* au niveau de l'information et au niveau de la représentation aussi. Quelle est la

représentation de l'Afrique, comment ils voient l'Afrique ? Comment ils voient l'Europe ? Les enfants là-bas posent aussi des questions. Comment les enfants vivent là-bas ? Et ceux qui sont ici posent la question comment les enfants vivent de l'autre côté ? [...] Je crois que les enfants veulent qu'on leur dise la vérité[15].

Le premier album de Mwankumi, *La pêche à la marmite* (1998), atteint ses objectifs en tant qu'auteur/illustrateur. En effet, cette histoire expose les tribulations des enfants congolais au cœur d'un village nommé Panu. Dans la postface, Mwankumi nous fait part des divers repères géographiques du lieu où l'action principale se déploie, authentifiant ainsi sa narration avec de multiples références topographiques. En effet, cette histoire de pêche se déroule au cœur de la République Démocratique du Congo (RDC), le long des berges du Congo. La présence de ce fleuve est cruciale dans les albums de Mwankumi car le fleuve représente le lieu de régénération pour les habitants qui vivent essentiellement de la pêche. Pour réussir leur pêche, les jeunes garçons doivent apprendre à connaître tous les défis de ce fleuve et à en maîtriser tous les dangers. Par-dessus tout, ils doivent être d'excellents nageurs. Ces jeunes garçons sont donc très tôt initiés aux techniques de pêche afin de pourvoir du poisson à leur famille. En effet, c'est Kumi, le protagoniste de l'histoire qui nous amène à la pêche en compagnie de ses amis qui sont aussi d'habiles pêcheurs. À travers une narration à la troisième personne, Mwankumi nous informe des techniques de la pêche propres à cette communauté, à savoir principalement l'utilisation d'une marmite en terre cuite enduite d'une pâte à base de racine de manioc en guise d'appât[16]. Mwankumi nous fait partager l'environnement à travers l'utilisation systématique du vocabulaire local par opposition au reste de la narration qui est rédigée en langue française. Quoique l'histoire présente des aspects « étrangers » aux petits lecteurs de l'Hexagone,

---

[15] Entrevue réalisée par L'école des loisirs « Dominique Mwankumi à propos de *Wagenia : les pêcheurs intrépides du Congo.* » URL: http://www.youtube.com/watch?v=aHQtue1FeoI
[16] *Ibidem*, p. 11.

nous notons des points communs, en dépit de ces évidentes différences socioculturelles. En effet, Mwankumi met volontairement l'accent sur maints aspects sociaux et communautaires communs aux cultures africaines et occidentales : la famille, l'amitié et la cohérence sociale à travers le langage social comme les jeux et les divisions des tâches par exemple (bien que les activités de la pêche soient exclusivement réservées aux garçons). Garçons et filles participent activement aux activités du village telles que la chasse, la pêche et la préparation des repas pour leur communauté. Ces enfants qui ne semblent pas, pour la plupart, scolarisés sont décrits comme des héros bravant les dangers du fleuve : « Mais Kumi montre son sang-froid. Sans hésiter, il ramasse au fond de la pirogue tous les poissons que les deux amis ont pêchés et les jette avec la nasse dans la gueule du monstre.[17] » Ici les enfants sont présentés comme particulièrement courageux face aux périls inhérents à leur environnement (dont le fleuve). Leur bravoure est célébrée à travers rituels et festivités nocturnes qui réunissent la communauté du village au complet et qui servent d'épilogue à l'histoire. Ainsi dans ce premier album qui décrit le quotidien de jeunes garçons en milieu rural, Mwankumi montre l'importance du fleuve à ses jeunes lecteurs. Le rôle que les parents assignent très tôt aux jeunes garçons (autour des activités de la pêche) est capital au sein de leur communauté et bien ancré dans le quotidien de ces enfants. Outre le plaisir de nager, de pêcher et de développer des liens d'amitié, les garçons doivent connaître les moindres changements des saisons et de la nature au fil des saisons. Avec ces changements, ils doivent aussi reconnaître les limites de leur capacité et apprendre à ne pas encourir de trop grands risques qui pourraient s'avérer fatals face à cette nature parfois hostile. À la saison des pluies où la pêche se fait essentiellement à la marmite succède la saison sèche. Seuls les enfants plus âgés, aptes à mener une pirogue et à lancer le filet pourront pêcher. Au jeu que suscite la première partie de l'histoire et qui coïncide avec la saison la plus clémente symbolisant l'abondance, succède alors une période plus périlleuse

---

[17] Ibidem p. 29.

car « le poisson se fait plus rare et bien plus difficile à attraper[18] ». L'activité de pêche qui est décrite en début de narration comme un « jeu » devient bien vite un enjeu pour ces garçons et relève d'une véritable nécessité. Par-dessus tout, l'habitat fluvial fait partie intégrante de la communauté rurale qui en dépend de génération en génération. À travers cet album, Mwankumi insiste bien sur l'importance de préserver les communautés qui vivent le long du fleuve. En mettant en exergue le quotidien des enfants et leur rapport au fleuve, Mwankumi souligne l'urgence de préserver l'habitat fluvial, vu son importance pour le devenir des habitants.

Les petits acrobates du fleuve publiée en 2000, nous plonge dans un habitat très similaire. À l'habitat terrestre que nous devinons le long des berges du Congo (symbolisé par l'arbre autour duquel les enfants jouent au début de la narration), Mwankumi superpose un habitat fluvial et l'importance du fleuve dans la vie des jeunes garçons qui doivent surmonter la peur de l'eau et devenir tour à tour d'excellents nageurs, de bons pagayeurs et de fins pêcheurs au sein de leur communauté. Cet habitat fluvial s'avère dangereux à bien des égards, surtout lorsqu'il s'agit pour ces garçons d'y pêcher en plongeant dans ses fonds. Cet habitat, décrit comme un écosystème riche en ressources naturelles dont le poisson-chat ou « likoko » que les jeunes garçons pêchent, est aussi à l'origine du commerce fluvial basé sur le troc des denrées alimentaires entre les communautés rurales d'une part et les villes plus industrialisées d'autre part. Symbole de transit du centre (urbain) vers la périphérie (rurale), le Congo sur lequel navigue le « bateau-courrier » représente une voie de commerce et, dans le contexte de l'enfance, l'ouverture vers un univers inconnu, le monde occidental. Ici les enfants deviennent des coursiers et utilisent leur capacité d'excellents nageurs pour accomplir d'autres tâches. Le récit débute ainsi : « dans le village de Sakata, les enfants jouent autour de l'arbre. Mais cela ne les empêche pas de tendre l'oreille, guettant le moindre bruit provenant du Congo, le grand fleuve qui coule non

---

[18] Ibidem, p. 19

loin de là. Ils attendent le passage du bateau[19]. » Mwankumi met volontairement en relief l'univers de ce village péninsulaire (notamment avec le symbole de l'arbre qui est la matière première pour la fabrication des pirogues) avec un autre symbole, le bateau-courrier qui représente les industries textiles et pharmaceutiques issue d'un monde urbain. C'est au moment où les enfants crient « Olélé! Voilà le bateau! Le bateau-courrier arrive » que la narration bascule et l'action principale démarre. Mwankumi relate les tribulations de ces jeunes garçons débrouillards dont le protagoniste de huit ans Kembo et sa folle course en pirogue pour atteindre le bateau-courrier ou « bateau-marché[20] ». Comme Kumi, Kembo est un jeune garçon très agile en pirogue. C'est aussi un excellent nageur. Les parents de ces garçons sont présents durant l'épreuve de l'accostage et commentent les prouesses de leurs enfants car savoir bien nager est essentiel dans les étapes de la vie de ces garçons qui doivent aussi être de fins pêcheurs. Mwankumi traduit bien ce rapport entre l'habitat fluvial et les jeunes garçons par la description des vicissitudes quotidiennes et l'évocation d'objets sacrés. Dans la postface, l'auteur insiste bien sur le rapport que ces enfants entretiennent avec l'habitat fluvial et, en l'occurrence, avec le fleuve Congo qui est comparé à un terrain de jeu :

> Pour les enfants de Sakata, le fleuve est un terrain de jeu. Les gris-gris en forme de ruban rouge qu'ils portent au poignet ou autour de la taille les protègent contre les esprits des eaux, la sirène, les crocodiles et autres monstres hideux [...] À ce jeu, certains se noient parfois.[21]

Les garçons sont responsables de faire le marché comme le mentionne Kembo à plusieurs reprises. Le fleuve est aussi dépeint à travers la faune qui le peuple et les dangers qu'il peut cacher : « Mais soudain le crapaud se cache et les oiseaux s'envolent à grand bruit.

---

[19] *Ibidem*, p. 6.
[20] *Ibidem*, p.19.
[21] *Ibidem*, p. 38.

Qu'est-ce qui a causé cette agitation, flanquant une frousse bleue aux enfants? C'est le serpent noir qui hante le fleuve.[22] » Face à ce danger symbolisé par le serpent noir qui vit dans les eaux en mouvance, la vie communautaire gravite autour de ce rapport entre individus, leurs croyances et le milieu naturel. Au fleuve en tant qu'espace vital riche en ressources naturelles, Mwankumi associe une deuxième fonction : celle de voie de navigation notamment avec la présence du « bateau-courrier », nouveau symbole d'un microcosme social où Kembo découvre des animaux moins familiers dont le boa ou « Nioka » ainsi que de nouveaux aliments[23]. L'auteur nous apprend aussi que le commerce est basé essentiellement sur le troc : « On troque et on palabre. Des riverains viennent d'accoster, ils apportent des poissons et des bananes plantains[24]. » Sur les pas de Kembo, nous apprenons aussi que le « bateau-courrier » est le moyen de transport fluvial des habitants qui vivent dans les villages voisins. La présence de ce bateau-courrier rend compte également de l'occidentalisation des zones urbaines notamment par la présence de produits issus de l'industrie pharmaceutique que Kembo aperçoit et questionne : « Ce sont des médicaments pour un hôpital de la Croix-Rouge, explique le marchand. Tiens voici les commissions pour ta maman[25]! » Kembo triomphe de cet environnement redoutable (celui du fleuve en mouvance) et réussit à accoster le bateau pour y découvrir un nouveau milieu. Aussi la deuxième partie de la narration bascule-t-elle dans un nouvel espace en « huis-clos » que constitue le monde socioéconomique à bord du bateau-courrier. Si certains des objets comme le savon, les tee-shirts, les conserves, les robes et les véhicules présents à bord du bateau sont familiers aux yeux des lecteurs occidentaux, Mwankumi introduit d'autres produits bien moins familiers à leurs yeux dont le manioc, l'huile de palme, les bananes plantains ou les pagnes. Le microcosme du « bateau-courrier » permet donc de rendre compte d'un double niveau des échanges agro-

---

[22] *Ibidem*, p. 13.
[23] *Ibidem*, p. 30.
[24] *Ibidem*, p. 30.
[25] *Ibidem*, p. 33.

alimentaires d'une part basés sur le troc à bord du bateau entre les riverains et des industries de base d'autre part témoins d'une économie mondiale qui propage la culture industrielle et capitaliste de l'Occident. À bord du « bateau-courrier », la notion de diversité culturelle ne fait pas uniquement référence aux disparités observables à l'échelle de la planète mais elle désigne aussi la coexistence, au sein de mêmes espaces sociaux en Afrique, de populations dont les origines culturelles diffèrent. Mwankumi parvient aussi à édifier la conscience écologique chez ses lecteurs en rendant bien compte de l'importance du fleuve en tant qu'habitat principal, lieu des activités de base comme la pêche, mais aussi en tant que voie de commerce fluvial entre les espaces urbains et les espaces ruraux. La présence du « bateau-courrier » sur le fleuve met les lecteurs en alerte sur les dangers de pollution causés par l'homme et la fragilité de l'écosystème altéré par les hommes. Le symbole du bateau-courrier chargé de denrées moins familières et de produits pharmaceutiques utilisés par les femmes en milieu rural annonce aussi un monde en transit, en voie de transformation vers une économie de type mondiale. Mwankumi annonce déjà quelques thèmes clés de son œuvre, à savoir l'impact des centres urbains et les méfaits d'une approche capitaliste de l'économie sur les habitats ruraux qu'il dénonce dans ses textes ultérieurs en inversant les couplages traditionnels culture industrielle/civilisation et proximité de la nature/sauvagerie.

Dans *Wagenia, les pêcheurs intrépides du Congo* publié en 2009, Mwankumi met en valeur des communautés rurales solidement enracinées dans leur milieu naturel et revient sur l'importance économique du milieu fluvial rural en décrivant l'univers social et le statut des jeunes garçons issus de milieux urbains[26]. En effet, le héros Mopeta est un jeune adolescent de la ville de Kisangani. Très vite, il devient une sorte de fils adoptif pour son oncle et sa tante qui n'ont pas d'enfant et vivent dans un village. Dès le début de la narration,

---

[26] Dominique MWANKUMI, *Wagenia : Les pêches intrépides du Congo*, Paris, L'école des loisirs, 2009.

Mwankumi rend compte des difficultés pour ces jeunes garçons de la ville de se former à un métier et le désir des parents de les placer en milieu rural pour les former au métier de pêcheur, de façon à assurer la transmission du métier et à garantir un avenir professionnel plus stable aux jeunes. C'est la mère de Mopeta qui propose à son propre fils d'aller vivre chez son oncle : « Tu aimerais aller vivre avec eux? Là-bas, tu apprendras un métier. Ici, tu ne fais que traîner. Mopeta ne sait pas quoi dire. [...] Mais il sait que sa mère a raison. Il doit gagner sa vie[27]. » Dans cet album, la pêche n'est plus présentée comme une activité ludique ou d'initiation pour les jeunes garçons ancrée dans une tradition intergénérationnelle mais davantage comme un moyen d'insertion socioprofessionnelle pour les jeunes garçons issus des villes. Ici Mwankumi insiste bien sur l'activité de pêche comme une véritable facette de la vie économique des habitants qui vivent en dehors des centres urbains. À travers l'importance de la pêche en habitat fluvial, l'auteur met en exergue les difficultés économiques que les jeunes garçons rencontrent dans les zones urbaines. Il est important de noter que contrairement aux précédents albums où Mwankumi nous montre de jeunes enfants engagés dans des activités faisant partie intégrante de leur quotidien, dans cet album deux univers sont opposés : l'espace urbain d'une part qui ne semble pas laisser entrevoir d'avenir pour le jeune héros Mopeta et, d'autre part, l'espace rural où le fleuve Congo devient la source d'un nouveau départ économique pour les adolescents. L'importance du métier à apprendre en milieu fluvial pour le héros Mopeta reflète les difficultés économiques auxquels les parents doivent faire face au regard des futures générations qui sont sous l'influence de la modernisation et qui font face au chômage. Dans cet album, Mwankumi intègre volontairement en annexe une mini encyclopédie naturelle de huit pages comportant des photos, des cartes et des explications supplémentaires quant aux Wagenia : « habitant la région des rapides, les Wagenia ont développé des techniques particulières de pêche qui passent pour acrobatiques [...] pêcheurs professionnels, les Wagenia

---

[27] Dominique Mwankumi, *op. cit.,* p. 9.

sont également versés dans l'art de la fabrication des pirogues, car les deux activités sont liées.[28] » Dans le cadre d'une lecture écocritique, cet album propose des réponses aux problèmes de l'exploitation des ressources naturelles et des matières premières dans le contexte d'une culture locale. L'organisation de la vie du village autour de la pêche et des activités artisanales comme la fabrication des pirogues ainsi que des activités économiques telles que le commerce et l'emploi des jeunes qui l'accompagnent permet à Mwankumi d'illustrer l'importance de l'environnement fluvial face à l'occidentalisation des villes, le chômage latent et la pollution. Les jeunes qui lisent cet album découvrent ainsi le lien vital qui lie des communautés entières au fleuve et à la forêt et apprennent à associer la protection de l'environnement à la protection de la vie des individus et des collectivités.[29]

L'habitat urbain chez Mwankumki : une enfance menacée et marginalisée

Prince de la rue (1999) est le seul parmi les albums de Mwankumi dont le récit se déroule entièrement au cœur de la capitale de la République Démocratique du Congo, Kinshasa[30]. Kinshasa compte plusieurs millions d'habitants et donne à l'auteur l'occasion de remettre en question les représentations stéréotypées d'une Afrique exclusivement constituée de villages. Ici, nous sommes dans la réalité économique d'une Afrique où il n'y a pas forcément de place ni de travail pour tous. Il semblerait qu'il soit en quelque sorte un prolongement de *Wagenia*, l'album précédent, car cet album permet aux jeunes lecteurs d'aborder une autre réalité. Contrairement aux personnages participant à la vie communautaire des albums

---

[28] Dominique MWANKUMI, *op. cit.*, p. 40.
[29] Cette vision écopoétique Mwankumi sait en rendre parfaitement compte dans *La peur de l'eau* (2006) unique album qui se situe entièrement au Bénin et qui introduit un héros issu de la ville et semblable à Mopeta, nommé Pino. Comme Mopeta, Pino doit apprendre à nager et à plonger dans les eaux profondes.
[30] Dominique Mwankumi, *Prince de la rue*, Paris, L'école des loisirs, 1999.

précédents, les garçons, ici orphelins, sont livrés à eux-mêmes et survivent en marge de la société, dans la périphérie de la capitale et plus précisément dans la décharge publique. Sidney Dobrin et Kenneth K. Kidd dans l'introduction de *Wild Things: Children's Culture and Ecocriticism* (2004)[31] notent que beaucoup d'enfants issus des zones urbaines sont privés du monde naturel qui les entoure. Ceci est vrai pour le héros de cet album où Shégué grandit à la décharge publique en compagnie de son ami Lokombe. Aucun membre de sa famille n'intervient tout au long du récit : pas de regard bienveillant, attentif ou fier de la part d'adultes protecteurs. Le héros s'élève et survit seul. Mwankumi nous laisse voir comment s'organisent ces enfants de la rue et quelles sont leurs conditions de vie en milieu urbain. Ici, nous ne sommes plus dans le travail initiatique des parents qui transmettent à leurs enfants l'art de la pêche ou de la fabrication de nasses comme chez les Wagenia afin d'assurer une continuité. Dans la capitale, l'enfant est parfois livré à lui-même. Il doit fabriquer des jouets à partir d'objets en métal, les vendre, gagner de l'argent, manger et recommencer chaque jour. Dans ce contexte urbain, l'enfant apprend à survivre et, très tôt, il est amené à travailler aussi pour ne pas mourir. Contrairement aux albums précédents, cet album est le seul qui introduit le jouet tel que nous le connaissons dans la culture occidentale. Dans un article sur la fonction du jouet, Gilles Brougère écrit que

> Le jouet est d'abord considéré comme un média, un support de significations produites par des adultes pour des enfants. C'est en cela qu'il est un produit culturel, d'autant plus important qu'il ne porte pas des significations au sens où tout objet, révélateur de la culture d'où il est issu en porte, mais en ce qu'il transmet des significations indispensables pour assurer sa fonction de jouet.[32]

---

[31] Sidney DOBRIN et Kenneth B. KIDD, éds. *Wild Things: Children's Culture and Ecocriticism*, Detroit, Wayne State University Press, 2004

[32] Gilles BROUGERE, article en ligne, http://lesvendredisintellos.files.wordpress.com/2011/12/jouet_sociologie.pdf

Mais ici, c'est Shégué qui est à l'origine de la production du jouet non pas un adulte. Comme le montre Mwankumi, l'enfant en habitat urbain est parfois contraint d'exercer le rôle de l'adulte. Le concept d'enfance est intimement lié au statut économique et social de l'enfant et à son environnement. Le recyclage de matières, comme l'aluminium ou l'acier, trouvées dans la décharge publique devient pour Shégué source de travail et de profit. Il est important de noter que Mwankumi ne montre jamais Shégué et son ami Lokombe déambulant au milieu des architectures prestigieuses du centre-ville de la capitale; il les décrit constamment en transit entre la décharge publique et le marché où ils vendent leurs objets. Cette démarche de Mwankuimi est justifiée dans la postface dans laquelle l'auteur explique son choix quant au lieu urbain. Voici ce qu'il affirme au sujet du quartier « Citas » qui fait l'objet de son histoire :

> La capitale congolaise, malgré son faste pittoresque et ses buildings, demeure pour beaucoup un mirage. La mégapole d'une dizaine de millions d'habitants est livrée à la débrouillardise de l'économie informelle. Une partie de la population cultive ses potagers, fait le commerce de la friperie, invente de nouveaux métiers et de nouveaux services. Beaucoup d'enfants n'échappent pas à cette règle.

En effet, Shégué et son ami Lokombe inventent un nouveau métier : le recyclage de matériaux issus de boites de conserve pour la fabrication de jouets comme des avions, des motos ou bien des voitures destinés à être vendus au marché pour les enfants de milieux plus aisés vivant avec leurs parents. Il est important de noter qu'ici les adultes ne soutiennent pas du tout l'initiative et l'esprit créatif de ces enfants orphelins. Au contraire, ils deviennent la cible de leur moquerie. Cet environnement urbain où l'adulte est un danger fait écho à l'habitat fluvial où les animaux sauvages comme le crocodile menacent les enfants en pirogue. En stigmatisant ainsi la société de consommation qui produit des déchets et jette aux ordures des objets utiles (objets dont se sert Shégué pour fabriquer ses jouets),

Mwankumi semble être porteur d'un message quant au statut de l'enfant en milieu urbain. En effet, dans les albums en milieu rural les garçons deviennent de fins pêcheurs. Mwankumi insiste bien sur la notion d'artisanat où l'enfant apprend l'art de la pêche depuis sa tendre enfance d'une manière ludique. En milieu urbain, et pour la première fois, l'enfance est reléguée à la périphérie de la ville et plus précisément à la décharge publique. Les deux orphelins sont associés aux déchets que la société rejette. Ils jouent peu car ils doivent travailler. Cette analogie permet de dénoncer la société de consommation qui s'étend rapidement à tous les espaces grâce aux multiples subterfuges de la mondialisation. À ce concept de mondialisation, Mwankumi superpose volontairement celui de dégradation écologique et de crise économique. La comparaison s'impose alors entre la violence psychologique vécue en milieu urbain et la violence des éléments naturels qu'affrontent les enfants en milieu rural. Bien que Mwankumi expose les dangers du fleuve, il décrit cet espace comme un habitat épanouissant pour les jeunes, un écosystème qui doit être préservé. La ville, qui résulte de l'altération de l'écosystème par l'activité humaine, est associée au dysfonctionnement des familles et des communautés, si bien qu'il se crée un parallélisme entre l'enfant abandonné, vivant dans la décharge publique, et les immondices que la société rejette.

L'approche écocritique des albums de Mwankumi permet un nouvel exercice de lecture qui dévoile un nouveau pan de la littérature d'enfance (notamment autour des albums illustrés) puisqu'elle élargit le champ multiculturel à une dimension écologique puisée à la fois dans les textes et dans les illustrations. Le multiculturalisme qu'enseigne l'auteur passe par la remise en question des notions de civilisation et de barbarie, puisque chaque groupe humain définit sa relation à l'environnement en fonction de ses besoins. Plus particulièrement, en tant que discours écopoétique sur l'environnement, une telle lecture a le mérite de montrer comment les espaces physiques et sociaux locaux, bien que dépourvus des principales infrastructures du monde dit civilisé, concourent à l'épanouissement individuel et collectif, tandis que l'adoption irréfléchie de la civilisation urbaine débouche sur la misère. Mwankumi, à travers sa production littéraire, présente le respect des relations entre chaque communauté et son environnement comme un moyen de conservation et de survie des espèces, y compris l'espèce humaine et, plus particulièrement, l'enfant.

Enfin les illustrations (la plupart d'entre elles sont des aquarelles qui occupent la totalité de la page) jouent un rôle fondamental car elles exposent un environnement rural ou urbain qui sont décrits comme des habitats protecteurs ou destructeurs. À travers les illustrations qui occupent généralement toute la surface de la page (voire parfois deux pages simultanément), Mwankumi déconstruit la vision occidentale du monde grâce à des héros comme Kumi, Kembo, Mopeta et Shégué. À travers ces jeunes garçons, Mwankumi construit une véritable culture de l'enfance en milieu rural par opposition à une culture de l'enfance en milieu urbain. En effet, Kembo, Kumi, Mopeta et Shégué apparaissent comme un seul et même héros ; s'ils sont devenus des individus diamétralement opposés, c'est à cause des trajectoires différentes qui les conduisent, certains vers le monde rural peint en modèle de civilisation et, d'autres, vers l'univers urbain décrit comme le siège de la barbarie. Mwankumi établit un paradoxe cinglant quant au statut des enfants au sein des villes et en tant que citoyens du monde. Bien que Mopeta ait des parents, il en est néanmoins séparé et ne semble pas apte à survivre en ville où « [il] ne fai[t] que traîner. » (9) Par contre, Shégué qui est orphelin s'adapte à son environnement défavorisé et parvient même à y survivre. Il est important de noter que les textes de la narration sont en marge des illustrations et accompagnent les images, sauf dans *Wagenia* où ils sont insérés à l'intérieur même de l'image et doivent être lus simultanément. À travers l'image et la place qu'elle occupe, Mwankumi invite ses jeunes lecteurs à un éveil sur la question de l'environnement en Afrique et sur leur responsabilité, en tant que jeunes citoyens du monde, de conserver et de respecter la nature à partir d'une vision écocentriste, comme le propose Buell. L'environnement que Mwankumi crée dans ses albums illustrés véhicule un discours politique aux accents environnementalistes ou écopoétiques. Comme il l'explique :

> Le rôle des livres illustrés dans le processus d'éducation des enfants n'est plus à démontrer. Encore faut-il que leur contenu soit adapté à la réalité culturelle des enfants. [...] Tout au long de ma démarche, je cherche la sensation du réel, le vécu, la vérité dans les couleurs et dans la situation. Parce que l'enfant veut la vérité. La fonction essentielle du livre de jeunesse. C'est l'apprentissage de la vie par le texte et l'image. Les objets livrés restent universels.[33]

À cette lecture écocritique, il est important d'ajouter les questions d'appartenance sociale (en milieu rural et urbain), de genre (Mwankumi associe les éléments de l'eau, le travail des matières premières comme le bois et l'acier au sexe masculin principalement) et d'origine ethnique (les enfants occidentaux et les enfants africains sont mis en parallèle). L'auteur intègre les concepts d'espèce, de biodiversité, de bio-région et d'étendue sauvage et les oppose à des horizons urbanisés où l'enfance est occidentalisée. Les concepts de nature et culture sont mis en relief et sont volontairement renversées chez Mwankumi où l'habitat naturel devient lieu de civilisation (de régénérescence) selon une hiérarchie formelle et à travers la fabrication d'objets de culture africaine à partir du bois. Les albums de Mwankumi ne passent pas sous silence les rapports de force qui relient ou opposent entre eux les divers discours écologiques, au gré des orientations politiques et des options économiques qui les sous-tendent[34].

En conclusion, la production et l'édition de la littérature de jeunesse africaine est représentative des questions liées à l'environnement et aux ressources naturelles puisque toutes les composantes de l'environnement ont une importance économique

---

[33] Correspondance avec l'auteur daté du 15 mai 2003
[34] Voir l'étude de Timothy W. LUKE, E*cocritique: Contesting the Politics of Nature, Economy and Culture,* Minneapolis-London: University of Minnesota Press, 1997

d'envergure nationale et mondiale. S'il est vrai que les rapports que la littérature et l'art ont depuis toujours entretenus avec la nature s'expriment sous la forme de la représentation, la prise de conscience du rôle de l'homme face à son environnement et l'expression dans la littérature que cette attitude présuppose sont plus récentes. Ceci est d'autant plus vrai dans l'édition de jeunesse multiculturelle. Cette attitude et cette expression littéraire s'inscrivent dans un mouvement mondial, auquel collaborent de façon tout aussi engagée d'autres disciplines et d'autres formes d'expression et d'organisation individuelle ou sociale. Ainsi l'analyse des albums illustrés de Mwankumi reflète cet élargissement de l'horizon écocritique autour de la problématique du multiculturalisme englobant désormais des paramètres économiques et sociaux tant internes qu'externes. Les questions d'intégration, de maintien du lien social et de citoyenneté sont inséparables de l'importance de l'habitat. Ces différentes évolutions confirment la nécessité et l'urgence de préserver la diversité culturelle, plus particulièrement dans les contextes où coexistent cultures minoritaires et cultures dominantes et de pair avec la préservation de l'environnement pour la survie des communautés. La littérature de jeunesse devient un véhicule de transmission de messages écologiques fondamentaux pour la jeunesse et le besoin de prendre conscience de l'interrelation entre toutes les composantes de la Nature, l'être humain inclus. La lecture écocritique est essentielle car elle permet une prise de conscience du rôle que l'artiste joue par rapport à la société et à l'environnement naturel. Elle rend compte de la responsabilité qu'il y détient en tant qu'artiste, citoyen du monde et qu'il assume par le biais de son art.

Références

Alcoff, L. *Visible identities,* Oxford: Oxford University Press, 2006

Armbruster, Karla and Kathleen R. WALLACE. *Beyond Nature Writing: Expanding the Boundaries of Ecocriticism*, Charlottesville: University of Virginia Press, 2001

Blanc, Nathalie, Thomas Pughe et Denis Chartier . Littérature & écologie : vers une écopoétique URL : http://www.projetcoal.org/coal/wp-content/uploads/2012/06/Litterature-et-ecologie.pdf

Brougère, Gilles. URL: http://lesvendredisintellos.files.wordpress.com/2011/12/jouet_sociologie.pdf

Buell, Lawrence. *The Environmental Imagination: Thoreau Nature Writing, and the Formation of American Culture*, Cambridge (MA): The Belknap Press, 1995

Cai, Mingshui. *Multicultural Literature for Children and Young Adults: Reflections on Critical Issues*, Westport, Connecticut & London: 2002

Casement, Rose. "Differentiating Between the Terms "Multicultural" and "Diversity": Broadening the Perspective," *Language Arts Journal of Michigan*: Vol. 18: Issue 1, 2002, Article 2. URL: http://scholarworks.gvsu.edu/lajm/vol18/iss1/2

Conley, Verena Andermatt. *Spatial Ecologies: Urban Sites, State and World-Space in French Cultural Theory*, Liverpool: Liverpool University Press, 2012

Dean, Thomas K. *What is Eco-criticism?* ASLE, Association for the Study of Literature and Environment [Consulté en ligne: http://www.asle.org/site/resources/ecocriticallibrary/intro/defining/dean; 30/09/2012]

Deloughrey, Elizabeth, George B. HANDLEY, éds. *Postcolonial Ecologies: Literatures of the Environment*, New York: Oxford University Press, 2011

Dobrin, Sidney and Kenneth B. KIDD, éds. *Wild Things: Children's Culture and Ecocritcism*, Detroit: Wayne State University Press, 2004

Elworthy, Jo, Natascha BIEBOW, « Windows on the World: Picture Books as a Starting Point for Education for Sustainable Development and Global Citizenship» dans HARDING, Jennifer, Elizabeth Thiel & Alison Waller, éds. *Deep into Nature: Ecology, Environment & Children's Literature*, Liechfield: Pied Piper, 2009, pp.30-38

Fiedorczuk, Julia, «The problems of environmental criticism: an interview with LawrenceBuell» URL: http://www.academia.edu/438091/Interview_with_Lawrence_Buell

Garrard, Greg. *Ecocriticism*, London & New York: Routledge, 2012

Glotfelty, Cheryll. «*What is Eco-criticism?*» ASLE, Association for the Study of Literature and Environment [Consulté en ligne: http://www.asle.org/site/resources/-ecocritical-library/intro/defining/glotferty; 01/10/2012]

Graqvist, R., J. MARTINI, éds. *Preserving the Landscape of Imagination: Children's Literature in Africa*, Amsterdam: Rodopi, 1997

Harding, Jennifer, Elizabeth Thiel & Alison Waller, éds. *Deep into Nature: Ecology, Environment & Children's Literature*, Liechfield: Pied Piper, 2009

Hargreaves, Alec G. *Immigration, "Race" and Ethnicity in Contemporary France*, London & New York: Routledge, 1995

Hunt, Peter, éd., *Understanding Children's Literature,* Oxon & New York : Routledge, 1999

Johnson-Feelings, Dianne, *Telling Tales, The Pedagogy and Promise of African American Literature for Youth.* New York: Greenwood Press, 1990

Keaton, Trica Danielle, T. Denean SHARPLEY-WHITING, Tyler STOVAL, éds. *Black France / France Noire*, Durham & London: Duke University Press, 2012

Kern, Robert. « Ecocriticism – What Is It Good For? », *ISLE: Interdisciplinary Studies in Literature and Environment*, vol. VII, no 1, hiver 2000, p. 9-33

Luke, Timothy. *Ecocritique: Contesting the politics of Nature, Economy, and Culture.* Minneapolis-London: University of Minnesota Press, 1997

Mwankumi, Dominique. *La pêche à la* marmite, Paris: L'école des loisirs, 1998

Mwankumi, Dominique. *Prince de la* rue, Paris : L'école des Loisirs, 1999

Mwankumi, Dominique. *Les petits acrobates du fleuve*, Paris : L'école des loisirs, 2000

Mwankumi, Dominique. *La peur de l'eau: une journée de deux enfants à Ganvié,* Paris : L'école des Loisirs, 2006

Mwankumi, Dominique. *Wagenia*, Paris: L'école des Loisirs, 2009

Mwankumi, Dominique. « Dominique Mwankumi à propos de *Wagenia : les pêcheurs intrépides du Congo.* » URL: http://www.youtube.com/watch?v=aHQtue1FeoI

Perrot, Jean et Pierre BRUNO, éds. *La littérature de jeunesse au croisement des cultures*, Créteil : CRDP, 1993, p.7-19

Perrot, Jean , *Mondialisation et littérature de jeunesse,* Paris, Éditions du Cercle de la librairie, 2008 Sipe, Lawrence. "How Picture Books Work: A Semiotically Framed Theory of Text-Picture Relationships," *Children's Literature in Education*, 29 (1998) 2, p. 98-99

Slovic, Scott. «Ecocriticism: Containing Multitudes, Practicing Doctrine.» Éd. Laurence Coupe. *The Green Studies Reader: From Romanticism to Ecocriticism.* London/New York: Routledge, 2000, p. 160-622

Strong-Wilson, Teresa. «Moving Horizons: Exploring the Role of Stories in Decolonizing the Literacy Education of White Teachers». *International Education*, Vol. 37, Issue1, 2007, p. 114-132

Suberchicot, Alain. Littérature et environnement. Pour une écocritique comparée. Paris : Honoré Champion, coll. "Unichamp Essentiel", 2012

Thomas, Dominic. *Black France : Colonialism, Immigration, and Transnationalism,* Bloomington, Indiana University Press, 2007

Tosié, Jelica. «Ecocriticism – Interdisciplinary Study of Literature and Environment». *Working and Living Environment Protection* Vol.3, N. 1, 2006, p.43-50

Waters, Sarah. *Between Republic & Market: Globalization and Identity in Contemporary France,* London & New York, Continuum, 2012

Whiteside, Kerry. *Divided Natures: French Contributions to Political Ecology*, Boston, MA: MIT, 2002

7

Nature et écologisme dans les romans camerounais francophones. Les cas de *Les fiancés* du grand fleuve de Samuel Mvolo, *Manemba* ou *les souvenirs d'un enfant de brousse* de Joseph Marie Essomba et *L'a-fric* de Jacques Fame Ndongo

Jean Marie WOUNFA
Université de Ngaoundéré – Cameroun

Introduction

Les fiancés du Grand fleuve, *Manemba* ou *Les souvenirs d'un enfant de brousse* et *L'A-fric* sont des romans camerounais francophones publiés respectivement par Samuel Mvolo, Joseph Marie Essomba et Jacques Fame Ndongo. Ces écrivains qui appartiennent à deux générations différentes ont cependant en commun de vivre ou d'avoir vécu dans le même milieu écologique sur lequel ils posent un regard presque identique, empreint de sympathie, d'attendrissement et d'attachement. L'objectif de cet article est donc de montrer que les romanciers camerounais en général, et ceux issus de la zone forestière en particulier, ont des préoccupations environnementalistes soustendues par une esthétique particulière. La question qui mérite alors d'être posée est celle de savoir quelles sont les caractéristiques et la finalité de cette écriture stratégique et écologique. En d'autres termes, comment les écrivains procèdent-ils pour entraîner l'adhésion des lecteurs aux valeurs ancestrales d'allégeance à Dame Nature et de préservation du milieu de vie? Pour y répondre, nous optons pour l'approche écopoétique et la lecture de l'imaginaire qui permettront d'étudier les caractéristiques de l'écriture écologique et de mettre en relief l'inconscient collectif qui surdétermine la représentation de la

Nature par les écrivains camerounais francophones. Ainsi, notre analyse focalisera sur le caractère transcendantal de la Nature, la manière talentueuse de décrire l'environnement et les stratégies rhétoriques mises en œuvre par les romanciers pour convaincre les lecteurs et susciter leur adhésion aux thèses écologistes.

La conscience et le culte de la Nature : une prescription

Le modernisme, qui est une conséquence du capitalisme, a généré en Afrique de profondes mutations dont l'un des effets est la déstabilisation du rapport entre l'homme et la Nature, de même qu'entre l'homme et sa propre nature. Face à cette grave perturbation, les écrivains camerounais ressuscitent et brandissent généralement les normes ancestrales de conformation[1], c'est-à-dire un mode pacifiste et simpliste d'être, de penser, d'agir et de sentir la Nature. Il en résulte la prescription d'un code éthique et moral axé sur le respect et la protection de l'écosystème. Nous comprenons alors pourquoi la terre, les végétaux, les cours d'eau et les animaux sont sacralisés dans les œuvres littéraires qui réaffirment leur valeur suprême et prescrivent aux hommes de les vénérer.

Le mystère et la sacralité de la forêt

Dans la littérature africaine en général et camerounaise en particulier, la forêt est presque toujours entourée de mystère. Elle est associée à des croyances si profondément ancrées dans les esprits qu'elle donne lieu à des mythes ou à des légendes. Chez les Sso, peuple dont Sondo le héros de *Les fiancés du grand fleuve* est un des fils, « une autre légende, souvent mentionnée, parlait d'un royaume de fantômes qui vivaient dans les forêts (…). On affirmait y avoir entendu des pleurs d'enfants, des berceuses, des tam-tams et surtout

---

[1] Il s'agit des interdits fondamentaux, ceux qu'aucun membre de la société ne saurait transgresser sans être sévèrement puni. Tous sont soumis à la stricte observance de ces normes dont la violation est susceptible d'entraîner un profond déséquilibre dans la société.

des chants et danses funèbres². » Jacques Fame Ndongo confirme le mystère et le caractère absolu de la forêt dont « le génie omniscient³ » est, selon lui, Odimesosolo. Dans *L'A-fric*, il fait dire à Engongot :

> A en croire les récits de nos ancêtres, il paraît qu'on y avait vu le fantôme errant du fondateur de notre village. Alors, il fut décidé unanimement que personne n'y coupera le moindre arbuste pour y semer quoique ce fût. Que je sache, même les chasseurs, n'osent s'y aventurer. Ni les tireurs d'arbalète ; ni les poseurs de pièges. Les femmes n'ont jamais attrapé les poissons dans les nombreux ruisseaux qui arrosent cette forêt⁴.

Nous pouvons déduire de ces superstitions et attitudes des peuples que la forêt relève à la fois d'une géographie physique et d'une géographie imaginaire connues et appréciées par tous les villageois⁵. En effet, la forêt vierge ou sacrée ne se conçoit pas sans les divinités qui y résident, sans une pensée pour le Tout-Puissant qui l'a créée. Elle est même assimilée à la Providence dans *L'A-fric* où le narrateur déroulant le portrait d'Engongot le Turbulent relève que « tout avait été prévu par Dame Nature pour faire du fils d'Obam Essiane un être imposant »⁶. Nous comprenons alors pourquoi la forêt est respectée par l'Africain dont l'attitude vis-à-vis de la Nature est totalement différente de celle des Occidentaux qui la considèrent presque exclusivement comme une ressource exploitable et commercialisable à souhait.

---

² Samuel Mvolo, *Les fiancés du grand fleuve*, Yaoundé, Clé, 1963, p. 90.
³ Jacques Fame Ndongo, *L'A-fric*, Yaoundé, Les Presses universitaires de Yaoundé, 2008, p. 10.
⁴ Jacques Fame Ndongo, *Ibidem*, p. 145.
⁵ La forêt est considérée comme un refuge contre les bruits et tracasseries de la vie urbaine, c'est-à-dire un havre de paix ou locus amoenus, mais sans que sa dimension sacrée en souffre. Elle est en fait un archétype, c'est-à-dire un symbole, une image si profondément ancrée dans l'inconscient collectif qu'elle acquiert un pouvoir de dynamisation et d'unification des peuples qui lui accordent de façon unanime une signification idéaliste.
⁶ Jacques Fame Ndongo, *Ibidem*, p. 73.

Dans cette perspective, la littérature écologique camerounaise francophone souligne d'un double trait l'affrontement de deux visions diamétralement opposées. La première est incarnée par les Blancs et quelques Africains damnés partisans de l'exploitation de la forêt y compris celle qui est décrétée sacrée. Dans *Les fiancés du grand fleuve*, par exemple, les colons français ont institué la récolte du latex comme le moyen de contribuer à l'effort de guerre[7]. Ils organisent des expéditions forcées dans les forêts lointaines ou proches du village. Pour échapper à cette maudite entreprise, quelques villageois de Sombo, en l'occurrence Zé Bekolo et ses frères, abandonnent femmes et enfants, et se réfugient dans la forêt pendant une année entière. Quant aux habitants d'Emvouga, ils ne récoltent le latex que parce qu'ils y sont contraints. Certains parmi eux font semblant d'obéir aux injonctions des colons, mais saisissent l'occasion pour explorer la forêt, s'y recueillir et même s'y fondre. C'est le cas de Sondo qui affirme qu'il garde un souvenir inoubliable de l'émotion ressentie au cours de la « première nuit passée en plein cœur de la forêt.[8] » Cet endroit de charme et de rêve, en tant que cadre de la rencontre entre les hommes et les dieux, entre l'homme naturel et son âme, procure donc beaucoup de bonheur au narrateur[9].

La forêt est pourvoyeuse de tout ce dont l'homme a besoin. Elle est une fin et non un moyen. C'est la raison pour laquelle, dans *L'Afric*, Engongot est vivement pris à partie par les siens après avoir osé penser, comme les capitalistes blancs, à la mise en valeur de la forêt afin de combattre la pauvreté ambiante. Arguant « *que ladite forêt, : "Afan Etyi", forêt sacrée, est, à l'heure actuelle, très fertile, parce qu'elle n'a jamais été défrichée* » et que « *des feuilles s'y sont entassées, créant une couche arable fort appréciable* », il invite les villageois à unir leurs « *efforts pour abattre les gros arbres qui s'y trouvent, à l'aide d'une tronçonneuse* » et à répartir « *cet immense lot en plusieurs secteurs : bananes plantains, macabos, manioc, maïs, etc.* » dont ils iront vendre le produit en ville[10]. Cette

---

[7] Il s'agit de la deuxième Guerre mondiale.
[8] Samuel Mvolo, *Ibidem,* p. 87.
[9] Nous y reviendrons.
[10] Jacques Fame Ndongo, *Op. cit.*, pp. 144-145.

proposition qui est contraire aux us et coutumes du village soulève un tollé général. Elé Mvondo qui sait, tout comme les autres villageois, qu'en cas de transgression du pacte liant l'individu à la forêt, le coupable est passible de la peine de mort, prend la parole le premier pour fustiger le discours du jeune et écervelé Engongot. Essiane Oyono, un des patriarches, vole au secours du doyen du clan, en reprochant au réprouvé son sacrilège.

En réalité, la culpabilité d'Engongot remonte au jour où il abattit un arbre sec de la forêt dans le but de ravitailler sa mère en bois de chauffe. Il y a donc bien longtemps qu'il se sait perdu, coupable de haute trahison vis-à-vis du peuple et de forfaiture vis-à-vis de la forêt en général et de l'arbre « Roi de la brousse » en particulier. Tout en abattant cette espèce ligneuse, il se sentait d'emblée « quelque peu fautif et traître », convaincu de couper le cordon intime qui l'attache à la terra mater et à tout ce qui y pousse. Son tourment était d'autant grand que chaque geste accompli était ressenti comme la « manifestation d'un pacte rompu » ou « la fin d'une communion[11] ».

Pour avoir défriché la forêt sacrée, Engongot commet un deuxième crime qui le ravale définitivement dans l'abîme du péché et de l'orgueil gratuit. Tiraillé entre la fatuité et le devoir de conformation aux normes ancestrales, il est prisonnier de sa propre conscience qui le juge. C'est ainsi qu'il tombe malade. La folie dont il souffre et à laquelle ses frères et sœurs attribuent une origine mystérieuse n'est donc que le résultat de son auto-condamnation[12]. Provisoirement guéri, et suivant les recommandations du guérisseur Ngata'a, le héros miraculé mais sur qui pèse une implacable malédiction est contraint de quitter définitivement le village où il était déjà traité comme un paria. Après quelque temps passé en ville où il se crée d'innombrables autres problèmes, il est admis au concours de recrutement des topographes. Affecté à Kalula, « il s'occupe du recensement de toutes les essences susceptibles d'être utilisées pour le

---

[11] Jacques Fame Ndongo, *Ibidem*, pp. 126.
[12] Il convient de signaler que tous les examens cliniques sont négatifs et que les médecins, y compris le plus réputé du coin, avouent ne pas comprendre de quoi il souffre.

grand projet de reboisement lancé par l'Etat[13] ». Le coupable d'hier cherche ainsi à se réconcilier avec les génies et la forêt dont il se consacre presque entièrement à la régénération et à la protection contre diverses formes d'agression. Malgré son zèle et tous les sacrifices consentis, il ne parvient pas à apaiser le courroux des dieux offensés. Ceux-ci se vengent farouchement en faisant assassiner Engongot dans la zone de reboisement à laquelle il a consacré beaucoup de temps et d'énergie. Sa fin tragique est la preuve de l'échec de sa tentative de réconciliation avec les génies de la forêt. D'ailleurs, sa faute relève de la catégorie de crimes impardonnables. Aucun acte de rémission ne peut donc l'absoudre. En condamnant ce hors-la-loi à la peine maximale, l'auteur se montre intransigeant et il se positionne comme un défenseur acharné de la sacralité de la forêt en particulier et de la biosphère en général.

En définitive, il est clair que les romanciers camerounais francophones chantent presque à l'unisson un hymne à la forêt, hymne derrière lequel se profile la prescription de la nécessaire symbiose entre l'Africain et l'environnement. Il se dégage de leurs œuvres une volonté de sublimation de la forêt qui revêt une dimension à la fois profane et sacrée étant entendu qu'elle est le repère aussi bien des êtres naturels que surnaturels. Elle est d'ailleurs assimilée à Dieu dont elle a le double caractère miséricordieux et justicier, providentiel et terrible[14].

La sublimation du fleuve et des autres éléments de la Nature

---

[13] Jacques Fame Ndongo, *Op. cit.*, p. 227.

[14] La description hyperbolique de la forêt et le culte qui lui est rendu ne confinent cependant pas leurs auteurs à la célébration de la sauvagerie béate et désuète ou d'un angélisme chimérique. En effet, des images contrastées s'affrontent dans les textes. Bien que la sacralité du cosmos s'impose, il demeure que le corpus relate une certaine régression des mentalités qui conduit à vouloir rentabiliser la forêt. Cette tentative de profanation d'un symbole sacrée, même si elle s'avère malheureuse et vaine, est le résultat de l'étiolement du mythe de la forêt. D'où le constat de l'affaiblissement de la puissance du socle idéologique de l'environnementaliste africain.

Chez les peuples bantous, l'eau est intimement liée à la vie. Elle est même synonyme de vie. L'existence serait menacée s'il n'y avait pas de l'eau. C'est elle qui rythme la vie et détermine l'activité principale du groupe dont elle devient très souvent l'élément moteur et le moyen d'identification. Les exemples abondent dans *Les fiancés du Grand Fleuve* dont il ressort que le village Mfoumassi tient son nom de la rivière Mfoumou qui jouxte la colline sur laquelle il est situé. Par ailleurs, « la vie quotidienne et l'existence même des populations de la région sont liées à ce grand cours d'eau[15] » et c'est sans doute ce qui justifie leur installation sur les bords du fleuve. À Edouma où le chef crée un nouveau campement, son palais trône « sur la rive gauche du fleuve Nyong ». Dans le « très pittoresque hameau alors situé à deux kilomètres et construit au bord de l'eau », les habitants ont les pieds dans l'eau. En effet, « à la période des pluies, Emvouga se transformait en authentique presqu'île parce qu'un marigot proche, le Kobandje qui n'a pas de source propre, mêle et règle ses eaux selon les caprices du puissant Nyong[16] ». Pour toutes ces raisons, ces peuples s'identifient sans hésitation comme les enfants de l'eau.

Les cours d'eau sont aussi rattachés aux rites. En cela, ils émerveillent. Joseph Marie Essomba rapporte dans son roman que son aïeul Manemba Atenga le grand guérisseur, le « soigneur des corps et des esprits », amenait ses malades à un endroit précis de la rivière, singulier par sa configuration et sa fonction en tant que lieu de guérison miracle des femmes stériles et des hommes souffrant de différentes maladies :

> C'est donc à cet endroit précis, travaillé particulièrement pour ces soins, au bord de la rivière Bikatega, que se passaient les cérémonies. À cette place, l'eau de la rivière tombait en chute verticale, du haut d'un gros rocher. Elle y formait des méandres dorées qui allaient ensuite se confondre en une sorte de lac avant d'aller s'engouffrer de nouveau dans un ravin, à quelques mètres

---

[15] Samuel Mvolo, *Op. cit.*, p. 19.
[16] Samuel Mvolo, *Ibidem*, p. 30.

de là et qu'on appelait « Asog » (chute). Il y avait là, sur le bord de la rivière, un grand arbre qui plongeait ses racines pivotantes jusque dans les eaux limpides, au milieu de cette place que les villageois appelaient généralement « Abong » (endroit d'un cours d'eau où les gens, dans les villages traditionnels allaient généralement se baigner.)[17]

Dans cet extrait, la rivière, la chute, le rocher, le ravin, l'arbre ne sont pas de simples éléments du paysage destinés à la contemplation des hommes. La singularité du décor qu'ils constituent, trahit le caractère grandiose, sublime de ce lieu dont la valeur est fonction du pouvoir de purification et de guérison qui lui est reconnu. Il se dégage ainsi de l'œuvre la conscience de l'hétérogénéité du village. Comme Mircea Eliade qui constate qu'« il y a des portions d'espace qualitativement différentes des autres[18] », Joseph Marie Essomba est convaincu que certains endroits tirent leur valeur du mystère qui leur est attaché. Ce mystère qui donne très souvent naissance à des récits cosmogoniques ou eschatologiques est inducteur de croyances et de déférence à la Nature.

L'auteur de *Manemba ou Les souvenirs d'un enfant de brousse* s'illustre alors par sa conception du cosmos. Cette conception s'abreuve à la source de l'inconscient social africain, c'est-à-dire de l'histoire des Mvog Belinga dans laquelle le fleuve Ndedama apparaît comme une barrière dressée sur la route des Fang, Beti et Bulu en marche vers son destin. Si ce peuple réussit à franchir très péniblement cet obstacle grâce à de « frêles embarcations » fabriquées avec les troncs de l'arbre « Asseng », il n'en est pas de même lorsqu'il se trouve « devant un autre très grand fleuve du nom de « Yom » (dont les eaux s'étendent au loin) où ils passèrent de nombreuses années[19] ». Cette fois, l'intervention de Dieu, notamment « Ntondobe » ou « Zamyoomebé » est nécessaire. C'est lui qui envoya un « très gros serpent » nommée « Ngang Medza » sur le dos duquel « Owono

---

[17] Joseph Marie Essomba, *Op. cit.*, p. 18.
[18] Mircea Eliade, *Le sacré et le profane*, Paris, Gallimard, 1965, p. 21.
[19] Joseph Marie Essomba, *Op. cit.*, pp. 8-9.

Nkodo fit faire la traversée du Yom aux fils de Kolo Beti ». Dans l'œuvre, tout comme dans le mythe structurateur de l'imaginaire *beti*, *fang* et *bulu*, le fleuve est synonyme de danger car, précise l'auteur, « ceux qui n'avaient pas pu traverser le Yom à la tombée de la nuit étaient ainsi restés de l'autre côté[20]. »

Il se déroule ainsi comme une épiphanie africaine dans laquelle Dieu prend la forme d'un serpent pour sauver le peuple. Ce serpent nommé « Ngang Medza » qui disparaît le lendemain aussi mystérieusement qu'il était apparu la veille revêt un statut particulier, tout comme le fleuve sur lequel Il se manifeste acquiert une signification élogieuse. En effet, le Nyong ou la Sanaga n'est pas un cours d'eau vulgaire, mais le « Grand Fleuve », lieu de réalisation d'un prodige. Nous comprenons alors pourquoi les cours d'eau et les animaux sont à la fois craints et respectés non seulement dans *Manemba ou Les souvenirs d'un enfant de brousse* mais aussi dans *Les fiancés du grand fleuve* où, longeant le Nyong à bord de pirogues, Sondo et ses compagnons échouent sur le dos du colosse Sangla'ah. Le héros raconte :

> Ni mes compagnons, ni moi-même, personne n'eut le temps de répondre et encore moins de comprendre le mystère de cet écueil immense, car ... nous constatâmes que nos embarcations sortaient littéralement de l'eau, portées par cette masse rocailleuse sur laquelle elles s'immobilisèrent comme soudées. En même temps l'eau se mit à mugir comme on l'entend parfois à l'approche de certaines grandes chutes, et ceci, parce qu'un véritable barrage venait de surgir des profondeurs du fleuve : ce barrage n'était autre que ce « tronc d'arbre », cette espèce de masse aquatique sur laquelle nos trois pirogues venaient d'échouer![21]

---

[20] Joseph Marie Essomba, *Ibidem*, p. 10.
[21] Samuel Mvolo, *Op. cit.*, p. 94.

Mais, le fleuve et l'animal ne sont un danger que si l'homme a rompu le lien qui le rattache à eux. Sondo l'a compris, lui dont Sangla'ah est le totem. Pressé par Essi qui le supplie d'invoquer la clémence, l'indulgence et la bonté de son ancêtre, Sondo parle et il s'opère quelque chose d'extraordinaire car, « comme par enchantement, le barrage avait disparu et le bourdonnement des eaux cessé. Tout était redevenu très calme[22] ». Il en est du serpent totem des peuples fang, beti et bulu comme il en est de Sangla'ah le caïman géant, monstre des eaux et totem de la famille de Sondo, comme il en est du gorille d'Efufup dont le narrateur de *L'A-fric* reconnaît que « c'était un animal sacré. Les aînés l'avaient adopté car il détenait des pouvoirs efficaces sur les mauvais esprits. C'était un puissant bouclier contre tout maléfice[23] ».

Dans l'ensemble des œuvres constitutives du corpus, l'homme est confronté à un événement qui dépasse son entendement ; ce qui lui permet de prendre conscience de sa vulnérabilité face à l'omniprésence de Dieu manifestée à travers la Nature. Alain Viala est du même avis, lui qui affirme « qu'en percevant le sublime, l'homme perçoit l'existence de l'infini et, comme il ne peut se représenter celui-ci que de façon partielle, il perçoit sa propre finitude, donc sa condition mortelle, tragique en soi[24]. » Le cosmos dont l'être humain est, selon Michel Hausser, le « sujet fondamental » s'impose effectivement à l'Africain, d'une part, en tant que nature visible (les trois règnes : animal, végétal et minéral) et, de l'autre, comme une surréalité qui l'émeut et l'atteint « avec une telle violence essentielle qu'il quitte son moi pour adhérer à l'objet, pour le connaître en s'identifiant à lui[25] ». D'où la fusion avec le cosmos auquel l'homme noir voue par ailleurs un culte. Il se passe que, pour lui, la Nature est régie par des génies tels que le caïman totem de la famille de Sondo et

---

[22] Samuel Mvolo, *Ibidem*, p. 96.
[23] Jacques Fame Ndongo, *Op. cit.*, p. 73.
[24] Alain Viala, « sublime », *Le dictionnaire du littéraire*, Paris, Presses Universitaires de France, 2010, p. 743.
[25] Michel Hausser, « Senghor et la pensée sauvage », *Le retour de l'archaïque, Modernités VII*, Presses universitaires de Bordeaux, 1996, p. 173.

le gorille « totem d'Efufup » auquel Engongot est assimilé en raison de son « système pileux particulièrement dense[26] ». Ces personnages sont en parfaite osmose avec leurs totems et avec l'eau ou la forêt qui les abritent. C'est aussi le cas des peuples *Sawa* de Kribi et de Douala, pour qui le fleuve est la résidence du caïman, « leur génie ancestral » encore appelé Ngando. La communauté Sso à laquelle appartient Sondo, entretient la légende selon laquelle un monstre géant issu de la transmutation d'un aïeul décédé puis ressuscité, s'était transformé en « un colossal caïman » qui s'est jeté dans le fleuve où il sème la terreur[27]. Pour s'en prémunir, les Sso lui font des sacrifices humains. La rumeur ne manque d'ailleurs pas d'interpréter leur victoire lors de la course de pirogues comme le résultat de la noyade de la propre fille du chef livrée « en holocauste aux dieux du fleuve afin d'obtenir leurs faveurs[28] ».

En Afrique en général et au Cameroun en particulier, mystère et mysticisme entourent non seulement les cours d'eau et les animaux mais aussi tout élément de la Nature qui est alors placé au centre d'un mythe ou d'une mythologie. Le narrateur de *L'A-fric* rapporte « qu'il est impossible de faire le tour de cette montagne rocheuse et que les deux Blancs qui ont tenté de relever ce défi lancé par les « génies » occultes d'Ako'omvot ont été dévorés par un monstre invisible[29] ». Cet endroit du village est hissé au rang de lieu sacré probablement parce que, pour l'Africain et tout comme pour Mircea Eliade, « la montagne figure parmi les images exprimant le lien entre le ciel et la terre[30]. »

Toutes ces considérations qui entourent les animaux (gorille, caïman, serpent) et l'espace (forêt, fleuve ou rivière, montagne) ont trait au totémisme. Elles rendent légitime la soumission à la Nature, posture idéologique propice au respect et à la protection de l'écosystème. L'écologisme qui en découle est caractéristique de la

---

[26] Jacques Fame Ndongo, *Op. cit.*, p. 73.
[27] Samuel Mvolo, *Op. cit.*, p. 89.
[28] Samuel Mvolo, *Ibidem*, p. 22.
[29] Jacques Fame Ndongo, *Op. cit.*, p. 87.
[30] Mircea Eliade, *Op. cit.*, p. 36.

« pensée sauvage » car, à en croire Michel Hausser, « le penseur sauvage » se sent lié au cosmos « par le nombril avant de l'être par l'esprit[31] ». D'où la vénération du cosmos en face duquel l'homme adopte un profil bas et cherche à s'assurer sa complicité.

Des hommes simplistes et une écriture classique

La symbiose entre l'homme et la Nature extérieure ne suffit pas à garantir la plénitude de la vie. Il faut également que soit établi l'équilibre entre l'individu et sa nature. La mise en texte de cette relation induit une écriture classique qui s'illustre par sa transparence, le lyrisme des individus qui jouissent de la plénitude de la vie à l'état de nature et qui affectionnent un ton sincère (confidence et confession), les arguments et les jugements conformes à l'idéal de protection ou de préservation de l'environnement.

La plénitude de la vie à l'état de nature

Sondo est perdu dans la forêt mais il ne semble pas en être perturbé. Au contraire, il se promène en toute sérénité s'extasiant, parfois, « comme un humble touriste devant le spectacle impressionnant de grandeur qu'offrait à cet endroit, ce cours d'eau inconnu qui paraissait ostensiblement (lui) barrer la route[32] ». Ses découvertes et son nouveau mode de vie lui procurent un sentiment de bonheur immense. Rendu à sa véritable nature, il expérimente le nudisme, car il n'a « plus que des haillons sur le corps[33] ». Victime d'un incendie qui consume presque tout ce qui lui appartenait, il vit désormais comme Adam promenant çà et là son « corps qu'aucun vêtement ne protégeait plus », dormant à la belle étoile. Il reconnaît avec spontanéité : « Oui, j'avais dormi au pied d'un baobab dont la silhouette majestueuse et familière m'avait procuré un havre de réconfort[34] ». Il atteste ainsi le bonheur caractéristique de la vie

---

[31] Michel Hausser, *Op. cit.*, p. 173.
[32] Samuel Mvolo, *Op. cit.*, p. 132.
[33] Samuel Mvolo, *Ibidem*, pp. 114-115.
[34] Samuel Mvolo, *Ibidem*, p. 128.

sauvage, celle qu'il mène loin de toute civilisation dont il se moque à présent qu'il s'est frotté à un événement qui l'a réconcilie avec soi, avec ses origines, son totem, ses ancêtres et les génies tutélaires :

> Cet événement me laissa perplexe. Il donna – je l'avoue – un coup rude à mes scrupules d'homme civilisé que je prétendais être parce que j'avais fréquenté l'école pendant une dizaine d'années et vécu autant de temps dans une ville importante[35]

Il n'est pas inutile d'insister sur la sincérité, la naïveté et l'innocence du personnage qui fait tant d'aveux. Il s'agit d'un être non corrompu qui se meut essentiellement dans un environnement sain, non dominée par le machinisme et le capitalisme triomphant. Ses moyens de déplacement privilégiés sont la pirogue et la marche qui lui permettent d'explorer la forêt de fond en comble.

La randonnée pédestre occupe effectivement une place importante dans *Manemba* où elle offre au personnage éponyme l'occasion de s'arrêter et de s'amuser « à lancer de temps en temps des cailloux aux oiseaux qui chantaient dans les feuillages tout au long des bosquets[36] ». Dans *L'A-fric*, le narrateur vante, lui aussi, ce mode de déplacement qui permet aux parents du héros de jouir du merveilleux tableau qu'offre la Nature. Celle-ci est si charmante qu'elle invite à l'écotourisme car, comme le dit le narrateur du roman, « le touriste ne sera pas tout à fait insensible aux milles facettes d'Ako'omvot, rocher ayant une altitude d'environ mille mètres et couvert d'une végétation à la fois rare et rabougrie qui contraste avec la densité de la forêt environnante (…) le touriste peut jouir du spectacle qu'offrent ces arbres que l'on domine du haut d'Ako'omvot et qui forment comme un vaste océan verdâtre s'étendant à perte de vue. Il peut également apprécier les délicieuses ondulations que dessinent à l'horizon les autres montagnes situées à des centaines de kilomètres et qui vous

---

[35] Samuel Mvolo, *Ibidem,* p. 97.
[36] Joseph Marie Essomba, *Op. cit.,* p. 32.

emplissent les poumons et vous procurent une ineffable sensation de bien-être[37].

Evina Essiane, l'oncle d'Engongot, utilise la bicyclette, un moyen certes moderne de déplacement mais qui ne le prive pas du bonheur de s'offrir une halte quand il le veut. En fait, arrivé au carrefour d'Asseng où il doit attendre son frère et sa belle-sœur, il a rangé « son vélo vétuste près d'un petit bistrot de campagne appelé, assez curieusement, « Nuit de Paris ». Evina Essiane ne s'est pas fait prier pour prendre une bière à crédit[38] ». Les moyens de déplacement ci-dessus sont implicitement comparés à la voiture. Le père et la mère d'Engongot, par exemple, n'empruntent le car de transport que parce que l'agression de leur unique enfant leur impose de se rendre d'urgence à son chevet. L'auteur n'hésite pas d'attirer l'attention sur le stress inhérent à la longue attente et l'inconfort créé par l'entassement des passagers serrés les uns contre les autres. L'intention satirique est bien perceptible dans l'extrait suivant :

> D'habitude, cette route nationale reliant Mefoup à Yop connaît une circulation intense. Mais que se passe-t-il aujourd'hui? Les trois personnes auxquelles se sont joints d'autres voyageurs sont en proie au désespoir.
> Soudain, un ronronnement de car fend l'air, et les visages de nos trois personnes de s'éclaircir, laissant tomber cette apparence de deuil qui les enveloppait. Le véhicule arrive du côté de Mefoup. Il est plus que surchargé (…). L'air, à l'intérieur du car, est irrespirable, tellement il est pollué par des odeurs pestilentielles[39].

Sur un ton tout aussi satirique, Manemba déplore les conditions dans lesquelles il voyage entre Nyamfendé et Lolodorf. Les voyageurs étant enfermés à l'intérieur d'un grand camion, il est impossible d'admirer le paysage. Pire, il ne leur est pas accordé le temps de

---

[37] Jacques Fame Ndongo, *Op. cit.,* p. 87.
[38] Jacques Fame Ndongo, *Ibidem,* pp. 93-94.
[39] Jacques Fame Ndongo, *Ibidem,* p. 95.

découvrir la ville de Lolodorf où a lieu le transbordement. Ils empruntent donc un autre camion et le voyage se poursuit dans des conditions encore plus difficiles, c'est-à-dire « toujours à l'arrière, qui était aussi plein de sacs de cacao (...) ». Le périple est d'autant désagréable qu'il a lieu la nuit et les passagers sont « comme dans un sac, dans ce camion qui était bien couvert par une bâche ». Par conséquent, « on ne voyait rien du dehors[40]. » Il est donc clair que les différents modes de déplacement ne se valent pas. Le moyen naturel est valorisé au détriment des autres dits modernes mais auxquels « l'enfant de brousse » attribue les contraintes de temps et, parfois, l'inconfort et les déplaisirs du voyage de nuit.

Il se dégage globalement des œuvres analysées l'épicurisme des romanciers et de leurs personnages, tous amoureux de la Nature qui procure satisfaction à leur soif, leur faim et leur désir d'évasion. Le lyrisme qui en résulte se perçoit nettement à travers les marques de la première personne (je et nous) qui désignent à la fois l'auteur, le héros et le narrateur ; les exclamations et les interjections qui correspondent à l'expression d'une vive émotion de joie et de gaieté ; la périphrase (gros fruits mûrs aux fausses épines), la répétition (gros fruits) et la gradation (compagnon fidèle, un ami intelligent) dont l'auteur se sert pour faire saliver ses lecteurs ou simplement les émouvoir.

À cette stratégie d'écriture viennent s'ajouter les descriptions réalistes, voire pittoresque du paysage dont les auteurs vantent la beauté et le charme à l'instar de ce coin de la forêt vierge auquel Sondo attribue le nom de Louisa et la forme d'un œuf. Cette symbolisation[41] est frappante et fort significative non seulement de la fertilité du coin mais aussi du foisonnement des espèces fauniques et florales car « après une bonne demi-heure de marche sous les taillis »,

---

[40] Joseph Marie Essomba, *Op. cit.,* pp. 95- 96.

[41] A notre avis, l'assimilation de la terre à l'œuf s'inscrit en droite ligne de la pensée sauvage et participe de la volonté de magnifier le cosmos, notamment la terra mater considéré ici du point de vue de sa fertilité puisqu'elle procure à l'homme non seulement le gibier mais aussi les fruits et les tubercules dont il se délecte.

Sondo dit avoir découvert, dans le sable, « des empreintes d'animaux divers : phacochères, antilopes, canards, hérons, mais surtout des crocodiles, une multitude, à en juger par des tas d'œufs qui jonchaient le sol çà et là[42]. »

Le héros reconnaît et nomme toutes les espèces avec facilité. Il décrit certaines d'entre elles avec beaucoup d'affection comme ce « peuple de singes noirs avec une tache blanche sur le nez » connu dans sa langue sous le nom de « nsa'ah », ces moustiques et ces grosses mouches appelées « bimpam » ou ces antilopes d'une famille particulière reconnaissable au dessin de leurs cornes et que les Sso appellent « emvoulou ». Il connaît également les habitudes de ce mammifère qui « aime fouler le sol ferme, brouter de l'herbe fraîche et tendre avec sa bande, car il vit toujours par troupeaux[43] ». Par conséquent, sa présence dans l'eau signifie que la terre ferme n'est pas éloignée.

Les nombreuses observations et explications faites par Sondo, ce fils des eaux et de la forêt, aussi bien sur les espèces ligneuses qu'il décrit avec dextérité que sur les animaux dont il décrit les attributs physiques, appréhende les besoins et analyse la signification des cris contribuent à créer un climat de familiarité avec les règnes animal et végétal. C'est aussi le cas dans *L'A-fric* où la zoomorphisation particulièrement abondante et éloquente trahit une bonne maîtrise des plantes et des animaux ainsi qu'une parfaite connaissance du monde des hommes qui sont alors très souvent croqués sous les traits animaliers. Pour ne prendre que quelques exemples, citons Zeh alias le léopard, Engongot le gorille et Kabeyen Minkô la femme d'Obam Essiane à qui celui-ci fait remarquer que sa taille, était semblable à celle de l'antilope et que sa démarche faisait songer à celle de la tourterelle dans un champ d'arachide[44]. Il ajoute :

> Kabeyen avait subitement retrouvé le charme éblouissant de ses vingt-ans. Il semblait qu'elle eût opéré une mue générale. Un

---

[42] Samuel Mvolo, *Op. cit.*, p. 103.
[43] Samuel Mvolo, *Ibidem*, p. 101.
[44] Jacques Fame Ndongo, *Op. cit.*, p. 62.

léger sourire envoûtant était posé sur ses lèvres comme un papillon multicolore sur une fleur épanouie. Maintenant, toute la beauté de la fille de Minkô mi Nyate éclatait, à l'image d'une feuille de macabo qui s'ouvre aux rayons de soleil. Beauté insolente. Beauté sauvage. Beauté naturelle. Cette démarche harmonieuse, ces jambes gracieuses, ces hanches flexibles, le postérieur plein d'agrément, cette taille d'antilope, ces seins que l'on prendrait pour des papayes, ce cou de tourterelle, cette bouche semblable à la demi-lune, ces fossettes d'enfant, ce regard pétillant, ce teint qui faisait penser à l'ananas mûr, cette voix fraîche comme le doux susurrement d'un ruisselet, voilà la belle Kabeyen Minkô rajeunie qu'Obam Essiane aperçut[45].

Jacques Fame Ndongo affectionne cette façon de parler que Michel Hausser appelle la « concrétisation » et qui consiste à l'usage abondant « des termes concrets, pour désigner en particulier la flore et la faune[46] ». Il se dégage ainsi de son roman et même des autres œuvres constitutives du corpus, un langage certes imagé mais transparent qui s'appuie sur des symboles et des métaphores aux significations socialement partagées, langage apte à exprimer la pensée sauvage[47] et auquel le lecteur africain s'identifie et adhère très facilement.

Les procédés hypocoristiques sont également récurrents dans l'ensemble des textes où ils fonctionnent comme une marque de l'épanchement du cœur. La forêt vierge y est en effet qualifiée d'« Eden », « oasis paradisiaque », « grande forêt tabou inspiratrice de tant de récits légendaires », parfois répartie en « espèces d'immenses lagunes » et « grandes étendues d'eau dormante », le tout constituant

---

[45] Jacques Fame Ndongo, *Ibidem*, p. 68.
[46] Michel Hausser, *Op. cit.*, p. 180.
[47] La pensée sauvage est une caractéristique des êtres humains non corrompus. C'est un mode de réfléchir et d'agir qui n'est entaché ni d'esprit de convoitise et de concurrence, ni d'intention mercantiliste. Il s'agit d'une disposition intellectuelle naturelle octroyée à tous et non encore travaillée et embrigadée dans une logique capitaliste.

une « fabuleuse région marécageuse » qui offre un « spectacle impressionnant de grandeur », un « panorama paradisiaque », un « magnifique tableau sidéral », etc. Toutes ces expressions hyperboliques concourent à l'exaltation de la relation mystique qui lie l'écrivain à la Nature, relation empreinte d'attendrissement qui culmine vers la fusion voire la copulation avec la Nature dont certains éléments sont très souvent décrits à travers un registre épique révélateur de leur grandeur et un registre fantastique convenable à leur caractère mystérieux[48].

Par ailleurs, Samuel Mvolo, Joseph Marie Essomba et Jacques Fame Ndongo racontent leurs expériences personnelles dans leurs œuvres respectives. Ils cherchent à communiquer aux lecteurs la simplicité, le bonheur et l'insouciance de leur enfance. Il en résulte une esthétique vériste propre au roman écologique et autobiographique dans lequel l'auteur se représente sous les traits d'un personnage sosie. Celui-ci évolue dans une société dont le romancier affecte le mode de vie et accepte les valeurs, en l'occurrence la camaraderie entre les enfants qui se « sentaient tous liés » ; l'amour entre les femmes qui « aimaient aussi travailler en équipe, comme leurs époux[49] » ; l'insouciance et la quiétude des populations qui vivaient « dans un cadre champêtre où l'on partageait le temps entre le champ, la chasse et la cabane[50] ». Les romanciers ci-dessus cités gardent un vibrant et nostalgique souvenir de ce monde qu'ils essayent de restituer avec beaucoup de fidélité et de naturel. Il en résulte un style réaliste caractérisé par les portraits et les descriptions pittoresques dont il se dégage une parfaite connaissance des hommes et de l'environnement.

---

[48] Cela se perçoit nettement à propos de la montagne rocheuse, du fleuve Nyong, de Sangla'ah le caïman géant ou monstre des eaux, du gorille d'*Efufup*, du *Ngang Medza* ou serpent totem des *Fang*, *Beti* et *Bulu* dont nous avons parlé plus haut.
[49] Joseph Marie Essomba, *Ibidem*, p. 39.
[50] Joseph Marie Essomba, *Op. cit.*, p. 37.

Les romanciers écologistes et le style naturaliste

Les œuvres du corpus s'illustrent par leurs titres intentionnels et transparents qui ont l'avantage de s'adresser, d'abord, au cœur et, ensuite seulement, à la raison des lecteurs. En effet, ils sont révélateurs du désir de susciter l'adhésion du public au projet idéologique des auteurs. En fait, Samuel Mvolo, Joseph Marie Essomba et Jacques Fame Ndongo adoptent des intitulés qui renvoient à une réalité connue ou supposée connue de tout Camerounais. Il en est ainsi de *Les fiancés du Grand Fleuve* qui évoque le mythe adamique et la cosmogonie de la traversée de la Sanaga dont le décor naturel s'organise autour de l'eau, notamment le « grand fleuve » auquel, selon Jacques Fame Ndongo, le lecteur peut être amené à « donner deux fiancés ». Ceci reviendrait, en clair, à envisager « *une idyllique copulation entre le Nyong et ses deux fiancés, tellement est profond le lien qui les unit à ce fleuve magnifique et édénique et, le fleuve ayant ici une valeur métonymique de la nature dont le Nyong n'est qu'une partie*[51]. » Le critique littéraire, analyste du titre du roman de Mvolo, pense aussi qu'un premier niveau de compréhension « *(celui qui semble le plus communément admis) veut qu'il s'agisse de deux jeunes gens (Tonia et Sondo) dont l'amour évolue dans le cadre paradisiaque du grand fleuve.* » Pris dans un sens ou dans l'autre, la formule inaugurale ci-dessus considérée s'inscrit dans la perspective de la reconnaissance de la grandeur de la Nature.

Jean Marie Wounfa y perçoit la superposition de deux images bibliques : la Nature et un couple amoureux. Pour lui, le duo Sondo et Tonia est une reproduction du couple Adam et Eve. Ils évoluent tous dans la Nature dont ils tirent l'essentiel de leurs ressources[52]. L'intitulé du roman revêt alors une signification majeure rattachée à la pensée symbolique, celle qui envisage derrière le Nyong l'image de Dieu et du paradis. Cette vérité inscrite à l'orée de l'œuvre est au

---

[51] Jacques Fame Ndongo, *Le prince et le scribe. Lecture politique et esthétique du roman négro-africain post-colonial,* Paris, B. Levrault, 1988, pp. 59-60.

[52] Jean Marie Wounfa, « Lectures des intitulés des romans camerounais francophones des origines à 1990. Essai de titrologie », *Thèse de Doctorat/Ph.D*, Université de Yaoundé I, 2009, p. 318.

service de la manipulation de l'auditoire que l'auteur cherche à attendrir et à émerveiller. Étant donné que Tonia et Sondo mènent la vie supposée vécue par les ancêtres les plus lointains, ils sont recommandés à l'émulation des hommes à qui il est comme imposé de vénérer la Nature. Eu égard aux idées et aux actes de ces êtres vis-à-vis de l'écosystème, nous pouvons dire d'eux, paraphrasant Mircea Eliade, qu'ils se comportent comme des sujets pleinement responsables qui imitent les gestes exemplaires des dieux[53]. Ainsi hissés au rang de demi-dieu, ils nous émeuvent. Et le titre du roman qui évoque la *Bible* et fait l'éloge de la vie sauvage, délivre un message saillant que la cible a tendance à considérer comme émanant de Dieu.

Manemba ou Les souvenirs d'un enfant de brousse en tant que titre du roman indique sans ambages que l'œuvre retrace les souvenirs de son auteur. Joseph Marie Essomba, puisqu'il s'agit de lui, y relate les douceurs de l'arrière pays, un véritable havre de paix, lieu d'insouciance et d'harmonie entre les hommes qui vivent selon les lois naturelles telles que la justice, la solidarité et l'amour considérées comme les fondements d'une existence paisible. Le titre fait l'éloge du simplisme caractéristique de la vie du personnage éponyme, « un enfant de brousse » ou un « sauvage » dont le mode de vie, de penser et d'agir est ainsi légitimé et vanté.

L'A-fric est un adynaton au travers duquel Jacques Fame Ndongo prend fait et cause pour l'Afrique qui est sans fric non pas parce qu'elle n'a pas conscience de la valeur marchande des ressources dont elle regorge, mais parce qu'elle a choisi de préserver l'écosystème, c'est-à-dire ses forêts, paysages pittoresques et objets mystiques, que le romancier décrit avec fierté comme un patrimoine mondial. Il suffit, pour s'en convaincre de se référer à cette question posée par la tortue :

> L'A-fric est-elle un continent « à fric » (potentiellement très riche par ses forêts, ses minerais, ses terres fertiles, ses fleuves, sa faune, ses femmes et ses enfants) ou « a-fric », c'est-à-dire,

---

[53] Mircea Eliade, *Op. cit.*, p. 85.

comme nous l'enseignent les grammairiens de l'Université de Yop, la capitale, sans fric?[54]

Cette interrogation trouve réponse dans l'œuvre où la tortue qui s'assimile à l'Afrique avoue, faisant alors écho au titre de l'œuvre :

> Toutefois, dit-il, quoique sans fric, je suis heureux. J'ai une calebasse toujours pleine de vin de palme ou de raphia. Mon champ regorge de champignons exquis. Mon gîte souterrain est une demeure où cohabitent harmonieusement noix de palme charnues, herbes mystérieuses de nos forêts, racines aux vertus inénarrables, fourmis véloces, ossements mystiques de mes ancêtres (...) ainsi que bon nombre d'autres pétulants outils de fabrication antique que je conserve avec une tendre affection et un intérêt indicible[55].

Le titre a donc, malgré sa brièveté, une portée idéologique évidente. Pour nous, il exalte le continent noir où la vie à l'état de nature, c'est-à-dire en harmonie avec soi et avec l'environnement demeure possible. L'Afrique et les Africains sont ainsi érigés au rang de modèle par rapport aux Occidentaux. D'où un code rhétorique naturel construit autour de l'exemple et de la comparaison entre civilisation et « sauvagerie ».

C'est le lieu de relever que les œuvres du corpus obéissent toutes à cette logique d'argumentation qui apparaît comme une structure archétypale du roman écologique africain dans lequel le retour aux sources est très souvent déclenché par un sentiment de déception et de désespoir créé par le modernisme ambiant. Dans *Les fiancés du grand fleuve*, tout part de l'introduction par les colons d'un nouveau type de rapport entre l'homme et son environnement ; ce qui n'arrangent pas les Africains en général et Sondo en particulier. Celui-ci se réfugie dans la forêt qui symbolise alors le royaume de l'enfance.

---

[54] Jacques Fame Ndongo, *L'A-fric*, Op. cit., p. 11.
[55] Jacques Fame Ndongo, *Ibidem*, p. 5.

Il en est de même dans *Manemba ou Les souvenirs d'un enfant de brousse* dont l'auteur annonce dès le prologue que la rédaction de son roman débute à Freetown alors qu'il participe à un séminaire sur le thème : « le patrimoine culturel comme moyen éducatif en Afrique[56] ». Il précise :

> J'avais été très frappé, en cette première soirée à Freetown, par le magnifique paysage de la ville qui se déroulait, calme et paisible devant mes yeux. Ce dernier me plongea dans une sorte de rêverie solitaire me renvoyant jusqu'aux premiers jours de mon enfance[57].

Un double paysage se trouve ainsi superposé et comparé. D'un côté, nous avons le monde moderne (Freetown) et, de l'autre, une réalité intérieure que l'auteur active face à l'agressivité de la vie moderne.

Une démarche similaire est perceptible chez Jacques Fame Ndongo qui, dans la séquence liminaire de son roman, déplore la dégénérescence de la vie menée par « ces êtres supérieurs qui ont des robes, des pantalons, des comptes en banque, des réfrigérateurs, des machettes, des lances, des flèches » mais « qui semblent plus arriérés » que les animaux. De cette confrontation se dégage une vérité lumineuse, celle de la supériorité de la vie sauvage sur la vie moderne synonyme de la rupture de l'équilibre entre l'homme et la Nature, entre l'homme et sa nature. Il est donc clair que le corpus obéit globalement à un schéma narratif et argumentatif simpliste qui concourt efficacement à transmettre aux lecteurs un message saillant relatif à la nécessité de se conformer à sa nature et de protéger ou

---

[56] Cette information est précieuse. Elle renseigne sur l'intentionnalité de l'auteur de ce roman centré sur la nécessité d'une vie idéale basée sur la conformation aux valeurs et normes ancestrales d'harmonie avec soi, avec la nature et avec les dieux. Selon Joseph Marie Essomba, l'Africain doit vivre selon sa nature, c'est-à-dire en conformité avec les règles d'une vie physique, morale et spirituelle saine. Il doit également adhérer fermement aux mythes et légendes qui fondent ses croyances profondes et qui déterminent son mode d'être, de penser, de sentir et d'agir.

[57] Joseph Marie Essomba, *Op. cit.*, p. 5.

préserver l'environnement. D'où un code rhétorique simpliste qui repose sur la comparaison, dont jaillit aisément la vérité, et les constructions syllogistiques dans lesquelles la conséquence éclate avec justesse.

Conclusion

En définitive, nous pouvons affirmer qu'au fil des ans se constitue et se consolide en Afrique en général et au Cameroun en particulier une littérature écologique qui souffre d'être mal promue et méconnue. En fait, celle-ci ne réclame pas encore sa véritable nature ni n'affirme sa prétention environnementaliste. En dehors de quelques rares titres d'œuvres qui affichent fièrement leur intention écologiste, très peu de stratégies sont mises en œuvre pour accroître la visibilité de la tendance littéraire écologiste africaine qui mérite pourtant d'être connue tant ses préoccupations esthétiques sont dignes d'intérêt, tout comme sa portée idéologique est noble. Il convient effectivement d'activer les mécanismes de son institutionnalisation, c'est-à-dire de sa reconnaissance et légitimation via l'attribution des prix littéraires aux écrivains les plus verts, l'organisation des colloques, l'intégration dans les programmes des collèges, lycées et universités des unités d'enseignement qui accordent une place importante à la littérature écologiste africaine dont les porte-étendard gagneraient à battre le rappel des troupes et à constituer un véritable mouvement littéraire porté sur les fonds baptismaux par un Manifeste.

Références

Bachelard G., *La poétique de l'espace*, Paris, PUF, 1957

Buell, L., *Writing for an Endangered World: Literature, Culture, and Environment in the U.S. and Beyond*, Cambridge/England, MA and London/The Belknap Press of Harvard University Press, 2001

Essomba J. M., *Manemba ou Les souvenirs d'un enfant de brousse*, Yaoundé, Semences Africaines, 1983

Fame Ndongo J., *L'A-fric*, Yaoundé, Les Presses universitaires de Yaoundé, 2008.

Fame Ndongo J., *Le prince et le scribe. Lecture politique et esthétique du roman négro-africain post-colonial*, Paris, B. Levrault, 1988

Hausser, « Senghor et la pensée sauvage », *Le retour de l'archaïque, Modernités VII*, Presses universitaires de Bordeaux, 1996, pp. 171-194

Mvolo S., *Les fiancés du Grand Fleuve*, Yaoundé, CLE, 1973.

Nganang P., *Manifeste d'une nouvelle littérature africaine. Pour une littérature préemptive*, Paris, Homnisphère, 2007

Viala A, « sublime », *Le dictionnaire du littéraire*, Paris, PUF, 2010, pp. 743-744.

Wounfa J. M., « Insalubrité et insécurité dans *Monsieur le Maire* de Joseph Charles Doumba. Essai d'écopoétique », *Annales de la Faculté des Arts, Lettres et Sciences Humaines de l'université de Ngaoundéré*, vol. XII, 2010, pp. 7-24.

Wounfa J. M., « Lectures des intitulés des romans camerounais francophones des origines à 1990. Essai de titrologie », *Thèse de Doctorat/Ph.D*, Université de Yaoundé I, 2009.

Zapf, H., «Literary Ecology and the Ethics of Texts», *New Literary History* N° 39, vol. 4, 2008, pp. 847-868.

8

La nature ré-enchantée de Bessora : la pétro-critique par les mythes dans *Petroleum*

Étienne-Marie Lassi
University of Manitoba

Ainsi que l'ont démontré de nombreux critiques, le rapprochement entre les théories postcoloniales et écocritiques n'est pas du tout aisé[1]. Il prête d'ailleurs à controverse parfois, étant donné les objectifs a priori contradictoires des deux disciplines. Alors que les théories postcoloniales s'intéressent aux effets sociopolitiques et culturels du rapport de force inégal entre le Nord et le Sud (à l'échelle globale) ou entre le centre et la marge (au niveau local), les théories écocritiques étudient l'impact de l'action de l'homme sur l'environnement. Avec des visées aussi divergentes, on pourrait croire que la question écologique n'a pas d'intérêt pour les études postcoloniales ou, du moins qu'elle n'y figure que comme un prétexte ou un argument permettant d'instruire le procès des oppresseurs du peuple, le péril environnemental n'étant pas objectivement représenté. Le risque écologique y serait donc reconstitué à dessein pour être le reflet d'une réalité sociale oppressante. Dans cette perspective, la critique postcoloniale produirait principalement un discours anthropocentrique, qui n'aborde pas frontalement la question de la protection des espaces et des espèces menacés, mais qui insiste lourdement sur le clivage entre les riches et les pauvres. Il importe donc, pour mieux cerner le rapport entre les deux approches, de s'interroger sur la possibilité d'intégrer le discours écologique à la critique postcoloniale sans raviver les oppositions binaires entre pauvres et riches, colonisés et colonisateurs, premier monde et tiers-

---

[1] Voir Huggan, Graham, « Postcolonial Ecocriticism and the limits of Green Romanticism », *Journal of Postcolonial Writing*, 45(1), 2009, pp. 3-14.

monde. Autrement dit, comment incorporer les questions de la réappropriation de l'environnement, de l'identité et de l'accès équitable aux ressources environnementales des sujets postcoloniaux aux préoccupations écologiques objectives, scientifiquement attestées, qui exigent des solutions globales?

L'environnementalisme entre le local et le global

Poser cette question revient à s'interroger sur la place du local dans la gestion de la crise écologique mondiale. Pour François Duban, les cultures locales jouent un rôle fondamental de sensibilisation des populations aux crises écologiques car, écrit-il, « [...] lorsque des menaces environnementales existent ou sont mises en évidence localement, et qu'elles portent atteinte à la santé de la population, les clivages classiques anthropocentrique/biocentrique environnementalisme dominant /environnementalisme radical n'ont plus cours devant la réalité du danger[2] ». Mais pour que l'impact de l'environnementalisme local ne soit pas confiné à un lieu physique donné, il convient pour chaque collectivité de reconnaître à travers le « contrat naturel » que propose Michel Serres « qu'elle vit et travaille dans le même monde global que toutes les autres », créant ainsi un lien qui unit sa terre à la Terre[3]. Michel Serres soutient par ailleurs que toute action efficace sur l'écologie mondiale doit s'ancrer dans une culture locale, pour au moins deux raisons. D'une part, la nature réagit globalement aux actions locales et, d'autre part, les mesures dites globales, décidées à partir des données et autres chiffres estimés en laboratoire pourraient manquer de prise sur la réalité.

Selon Michel Serres, en effet, la plupart de ceux qui interviennent dans le processus de la prise des décisions, de l'expert scientifique à l'administrateur, en passant par le journaliste et le juriste, sont des hommes de l'intérieur qui vont au contact de la réalité seulement le temps de collecter des données. Parce qu'ils n'habitent pas l'espace

---

[2] François Duban, *L'écologisme aux États-Unis : histoire et aspects contemporains de l'environnementalisme américain*, Paris, L'Harmattan, 2000, p. 75.

[3] Michel Serres, *Le contrat naturel*, Paris, Flammarion, 1992, p. 78.

par où ils passent, ils peuvent l'altérer en toute ignorance des conséquences; parce qu'ils ne vivent pas dehors avec les choses et que le climat n'influence pas leurs travaux, ils ont « désappris à penser selon (l)es rythmes et (l)a portée »[4] de la Terre que leurs décisions affectent pourtant. Par conséquent, il devient important de tenir compte du point de vue des paysans et des marins, « qui viv(ent) dehors et dans le temps de la pluie et du vent, dont les gestes induis(ent) des cultures longues à partir d'expériences locales[5] ». La disparition de ce mode de vie dans le monde développé coïncide avec la nécessité d'une plus grande production agricole par rapport à laquelle les outils du paysan et du marin se sont révélés caduques. Cependant, la recherche d'une plus grande efficacité a abouti à l'invention d'outils puissants et bénéfiques mais en même temps préjudiciables pour l'environnement. Pour Michel Serres, cette solution n'a fait qu'inscrire l'humanité dans le court terme, puisqu'elle met en péril la Terre et ceux qui l'habitent. Elle dévoile aussi de nouvelles dimensions de la crise écologique globale. En effet, soutient Serres, si l'infrastructure est de nature culturelle, on ne peut combattre la pollution matérielle, technique et industrielle dont elle est responsable sans au préalable s'attaquer à la « pollution culturelle que nous avons fait subir aux pensées longues, ces gardiennes de le Terre, des hommes et des choses elles-mêmes[6] ». La pollution culturelle consiste donc en l'imposition à une localité d'un mode de vie, d'un mode de penser et des outils techniques qui altèrent son interaction avec l'environnement. Elle apparaît comme l'une des conséquences principales de la mondialisation.

Telle que décrite par Michelle Serres, la pollution culturelle se présente comme un processus de disqualification de l'économie de subsistance au profit d'un système capitaliste de production et de vente. Ce processus, responsable des bouleversements socioéconomiques les plus déterminants sur le plan écologique en Europe, s'est propagé au reste du monde avec la colonisation.

---

[4] Michel Serres, *op. cit.*, p. 54.
[5] Michel Serres, *op. cit.*, p. 56.
[6] Michel Serres, *op. cit.*, p. 57.

Comme les paysans occidentaux avant eux, les colonisés sont déconnectés de leur environnement par des discours et des pratiques qui discréditent leurs modes d'interaction avec la nature. Serge Moscovici confirme cette dimension culturelle de la crise écologique ainsi que son expansion par le biais de la colonisation lorsqu'il écrit que « ce dont on a fait table rase en occidentalisant des continents entiers, ce n'est pas de la nature, mais de la culture[7] ». Mohammed Taleb[8] et James William Gibson[9] abondent dans le même sens en soutenant que la modernité capitaliste, une dimension importante de l'histoire occidentale, en s'étendant au reste du monde à la faveur de la colonisation, inscrit dans la culture mondiale le désenchantement du monde que fustigeait Max Weber en Europe. Compris au sens large, non pas seulement comme mode de production économique, mais aussi comme un système historique total qui affecte tous les aspects de la réalité et de l'action humaines, le capitalisme légitime la raison utilitaire et technoscientifique qui ravale le non-humain au rang de matériel et de ressources naturelles. Ce mode de pensée divise le monde en deux, créant d'un côté l'univers de l'humain doté de raison et d'émotions et de l'autre celui du non-humain, inerte, dénué de langage, de spiritualité et donc de tout droit.

La dimension culturelle de l'engagement écologique est ainsi mise en exergue. Michel Serres propose de rétablir l'unité de l'homme et de l'environnement que la « pollution culturelle » a rompue par « un contrat naturel de symbiose et de réciprocité où notre rapport aux choses laisserait maîtrise et possession pour l'écoute admirative, la réciprocité, la contemplation et le respect [...][10] ». Pour Serge Moscovici, Mohammed Taleb et James William Gibson ce contrat naturel ne peut se faire qu'à travers le ré-enchantement de la nature,

---

[7] Serge Moscovici, *De la nature. Pour penser l'écologie*, Paris, Métailié, 2002, p. 17.

[8] Mohammed Taleb, "Le réenchantement de notre rapport au monde: une valeur centrale de l'éthique subversive de l'éducation relative à l'environnement", *Revue Éducation relative à l'environnement*, vol. 8, 2009, pp.79.

[9] James William Gibson, *A reenchanted world. The quest for a new kinship with nature*, New York, Metropolitan Books, 2009, p. 26.

[10] Michel Serres, *op.cit.*, p. 67

un concept qu'ils définissent chacun à sa manière, mais dont la constance est d'amener les humains, pris individuellement ou collectivement, à rejeter l'investissement capitaliste de l'environnement et à recommencer à se soucier de la nature. Gibson soutient d'ailleurs qu'une telle démarche est l'un des moyens les plus sûrs de devenir « indigène », c'est-à-dire d'éprouver le sentiment d'appartenance à une localité[11]. Il devient donc capital, pour protéger l'environnement, de l'investir de valeurs culturelles, historiques, symboliques ou spirituelles, lesquelles ne peuvent avoir de signification que locale, par le truchement de la culture du terroir.

Deane Curtin remarque que dans le contexte colonial, l'occupation du territoire s'étant accompagnée de la naturalisation des colonisés, ces derniers revendiquent leur statut d'homme à partir des prémisses fixées par l'Occident, à savoir que l'homme se définit par rapport à la distance qui le sépare de la nature : plus on est proche de la nature, moins on est civilisé. Par conséquent, l'engagement postcolonial, pour être efficace, doit s'enrichir d'une éthique environnementale qui trouve ses fondements dans les cultures locales. Dans cette optique, il s'agira pour les sociétés postcoloniales de revaloriser par exemple les mythes locaux qui situent l'homme dans la nature, de sorte que les communautés nouvellement autonomes ne soient pas tentées, en vue de rattraper leur prétendu retard de développement, de poursuivre l'œuvre colonisatrice de l'exploitation capitaliste des ressources environnementales[12]. Cette proposition de Curtin, qui fait de la revalorisation des modèles locaux d'interaction avec l'environnement une modalité de la résistance à l'oppression (post)coloniale, se rapproche des thèses du ré-enchantement du monde évoquées plus haut, ainsi que de l'environnementalisme local prôné par Michel Serres, ce qui permet d'entrevoir des liens productifs entre la critique postcoloniale et l'engagement écologique. La réhabilitation dans chaque localité géographique des cultures locales susceptibles de promouvoir un

---

[11] James William Gibson, *op. cit.*, p. 16.
[12] Voir Deane Curtin, *Environmental ethics for a postcolonial world,* Lanham, Rowman & Littlefield Publishers, 2005, p. 47.

profil d'hommes, des pratiques et des infrastructures respectueuses des équilibres naturels, ainsi que le recommande l'éthique environnementale postcoloniale de Curtin, participe effectivement de la lutte contre la crise écologique globale, au vu du principal postulat de l'environnementalisme local selon lequel toute action locale a des répercussions globales. Voyons à présent comment l'environnementalisme local se déploie à travers le ré-enchantement de la nature en contexte postcolonial.

Du sentiment national à l'engagement écologique

Quand Michel Serres insiste sur l'importance de l'engagement local pour le succès de la lutte contre la crise écologique globale, c'est dans la perspective d'un résultat global qui serait la somme des réussites locales. Dans le contexte postcolonial, les réalités locales entrent en ligne de compte principalement comme sources de motivation car, dans un contexte de précarité socioéconomique, il est rare que la cause écologique ne soit défendue en association avec d'autres intérêts. Ce sont ces intérêts locaux qui font que le risque écologique ne demeure pas une abstraction, mais prend la forme de problèmes concrets et plus ou moins urgents. C'est aussi en fonction de ces intérêts locaux que s'élaborent les stratégies environnementalistes, de sorte que la cause écologique apparaît ici comme un enjeu de groupes minoritaires définis en termes de race, de genre, de classe sociale, d'ethnie, de génération... Dans cette perspective, le ré-enchantement de la nature, même s'il produit le résultat global escompté par ses ardents défenseurs, à savoir la redécouverte et la célébration des mystères et de la grandeur de la nature ainsi que la responsabilité morale de la protéger[13], il apparaît d'abord comme un moyen de lutte sociopolitique. Le ré-enchantement de la nature en situation postcoloniale s'enrichit d'une dimension politique et se redéfinit comme l'exigence « de faire advenir un nouvel espace-temps historique, une nouvelle

---

[13] Voir James William Gibson, *op. cit.*, p. 24

configuration sociale concrète qui mixerait écologie et lien social, justice environnementale et justice économique[14] ». En d'autres termes, il devient un moyen stratégique qui vise des objectifs sociopolitiques et économiques locaux pour atteindre, à travers eux, des cibles écologiques globales. Le roman de Bessora, *petroleum*, dont l'action se déroule au Gabon, illustre cette double articulation de l'écologie postcoloniale en adoptant une posture originale qui donne une coloration locale aux thèmes majeurs du discours pétro-critique global.

Les impacts environnementaux de l'exploitation et de l'utilisation des énergies fossiles constituent le registre habituel de la critique des industries pétrolières. La désapprobation de la pollution atmosphérique et de la production des gaz à effet de serre résultant de l'utilisation du pétrole, de la destruction des paysages et de la contamination de l'environnement par le déversement des produits pétroliers apparaît ainsi comme le principal lieu commun du discours pétro-critique. Mais formulés en termes aussi généraux, les effets pervers de l'exploitation pétrolière restent peu visibles et négligeables au vu des avantages économiques et du confort qu'offre l'usage du pétrole pour une grande partie de la population mondiale. Rendre les gens sensibles aux faits qu'ils ne perçoivent pas immédiatement devient le défi majeur des environnementalistes. Ces derniers élargissent alors le discours pétro-critique à des domaines connexes plus concrets qui impactent la vie quotidienne de communautés entières. Au canada par exemple, il est de plus en plus commun d'expliquer le prix élevé des logements ou le ralentissement des activités dans les secteurs économiques autres qu'énergétiques par la hausse de la valeur du dollar canadien qui, à son tour, s'explique par le boom pétrolier. La critique environnementale de l'industrie pétrolière gagne ainsi en adeptes recrutés parmi les victimes de la surenchère immobilière et du ralentissement du marché de l'emploi.

Dans le contexte postcolonial, on parvient au même résultat en associant l'exploitation pétrolière avec la dictature, la corruption, la

---

[14] Mohammed Taleb, *op. cit.*, p. 83.

répression politique, la guerre civile et la marginalisation des populations locales, de sorte que cette richesse minière apparaisse comme une malédiction[15]. *Petroleum* de Bessora exploite cette métaphore de la malédiction pétrolière, mais en y apportant une nuance importante. Ce n'est pas le minerai en tant que tel qui est maudit, mais ce sont les actes blasphématoires par lesquels l'homme transgresse les lois naturelles pour l'obtenir qui engendrent le malheur. Et pour donner consistance à son approche de la pétrocritique par le symbolique et le sacré, l'auteur recourt au ré-enchantement de la nature. Qu'elle soit perçue, à travers le prisme du mysticisme, comme une reconnexion spirituelle de l'homme avec les animaux et les écosystèmes naturels[16] ou, de façon pragmatique, comme la reconnaissance de la nature en tant que « medium de tout être vivant » dont chaque outrage est systématiquement aussi l'outrage de la société[17], la culture du ré-enchantement dans le roman de Bessora confère à la nature un statut qui impose respect et rend moralement répréhensibles certaines pratiques.

Ce qui frappe d'emblée dans le roman de Bessora, c'est l'usage abondant de la personnification qui, comme on le sait, attribue aux animaux, aux abstractions et aux objets inanimés des propriétés humaines. L'or noir est évoqué dès les premières pages du roman sous les traits d'un voyageur qui a migré, tout en évitant de se laisser débusquer, vers une faille hospitalière où il dort en attendant le baiser d'un foreur providentiel. Cette faille est par ailleurs décrite comme une blessure originelle, ce qui complète l'analogie que la romancière veut établir entre la nature et l'humain[18]. Sujet de l'action et animée de sentiments, la nature est aussi dotée d'un corps vulnérable comme celui de l'homme. L'analogie devient explicite lorsque le narrateur présente Médée, une géologue de la compagnie pétrolière Elf Gabon. Cette superintendante de la plate-forme *Ocean Liberator* doit sa

---

[15] Voir Rob Nixxon, *Slow violence and the environmentalism of the poor*, Cambridge, Massachusetts, Harvard University Press, 2011, p. 70.
[16] Voir James William Gibson, *op. cit.*, p. 30.
[17] Voir Serge Moscovici, *op. cit.*, p. 31
[18] Bessora, *Petroleum*, Paris, Denoël, 2004, p. 12.

réussite à son aptitude à capter les sentiments des roches, à entendre « le pétrole même quand il ne parle pas[19] ». Par le biais de la personnification, la nature recouvre le statut de sujet, mettant ainsi à mal l'opposition sujet/objet qui empêche d'étendre la prohibition morale de la violence et de toute autre forme d'abus à la nature. Ce n'est plus une nature inerte, une chose sans expressions et sans sensations. Par le statut de sujet, la nature accède à la visibilité sociale en tant qu'être dotée d'une valeur, de droits et d'émotions, de sorte que sa perte ou son agression suscite l'indignation. C'est fort de cette mise en contexte que le narrateur, à travers une métaphore filée, décrit l'opération de forage comme un acte sexuel violent, voire comme un viol :

Le trépan danse au fond du puits. Broyeur autiste, il ignore les buissons de vers géants qui frétillent près de lui [...] Il creuse aveuglément dans l'oasis de vie. Il brûle d'obstination. Il fondrait si la boue du forage ne se dévouait pour le rafraîchir. Une boue qui lubrifie comme une vaseline. Car si les tiges mâles sont avides, le puits est une femelle aride. Chaude mais pas chaleureuse. Sèche comme un désert.[20]

La première stratégie de ré-enchantement de la nature chez Bessora est donc littéraire. Il s'agit d'une option stylistique qui ravive la représentation symbolique de la nature comme une femme, belle, délicate et à la source de toute vie. Parallèlement, les compagnies pétrolières, évoquées de manière métonymique par le trépan, leur instrument de forage, apparaissent comme un mâle égoïste qui s'adonne aveuglément à la jouissance, au mépris des vies que cette quête effrénée de plaisir coûte. L'extraction pétrolière en s'assimilant au viol, un acte qui fait surtout appel à l'indignation, une réaction morale et sentimentale, déplace le discours pétro-critique du champ

---

[19] Bessora, *op. cit.*, p.13.
[20] Bessora, *op. cit.*, p. 20.

élitiste des démonstrations scientifiques et des enjeux politiques abstraits à celui, populaire, des sentiments et des émotions.

Le narrateur parvient aussi à susciter du ressentiment contre les industries pétrolières en les associant à des formes variées de spoliation, les plus importantes de toutes étant la dépossession du peuple de ses terres ainsi que son exclusion de la jouissance des richesses qu'elles génèrent. Frantz Fanon relevait déjà que « [p]our le peuple colonisé la valeur la plus essentielle, parce que la plus concrète, c'est d'abord la terre : la terre qui doit assurer le pain, et, bien sûr, la dignité[21] ». Associer l'industrie pétrolière à la confiscation des terres, dans un contexte post-colonial (au sens chronologique du terme) revient à lui imputer une volonté de recolonisation. Ce sentiment est d'autant plus fort si ladite compagnie est une société à capitaux publics de l'ancienne puissance colonisatrice, comme c'est le cas d'Elf Gabon dans *Petroleum*. L'environnement devient alors, au-delà de sa valeur économique, le symbole de la fierté nationale en danger, de la dignité menacée et, finalement, c'est sur une idéologie nationaliste que se fonde l'engagement écologique.

Le roman de Bessora exploite à merveille le paradoxe du citoyen pauvre dans un pays d'abondance pour illustrer les expressions de « malédiction du pétrole » ou de « scandale géologique » qui traduisent, dans le discours postcolonial, le dépit des décolonisés, désillusionnés par l'échec des États postcoloniaux. Le narrateur de *Petroleum* décrit en détail le fonctionnement interne de la société pétrolière Elf Gabon pour montrer que son principe organisationnel relève de l'apartheid et rappelle les pires moments de la colonisation. À compétences et à responsabilités égales, l'employé africain reçoit un traitement et des avantages inférieurs à son collègue européen, ce qui fait dire à Étienne Girardet, un ingénieur helvète iconoclaste : « Le National n'est-il pas à l'Expatrié ce qu'était l'Indigène au Colon?[22] » L'impression du retour à la colonisation par la malédiction du pétrole se dégage aussi de la configuration de l'espace dans le

---

[21] Frantz Fanon, *Les damnés de la terre*, Paris, La Découverte, 2002, p.47.
[22] Bessora, *op. cit.*, p. 42.

roman. Il y a d'abord l'organisation de la ville en quartiers luxueux réservés exclusivement aux employés européens d'Elf Gabon, en quartiers d'une propreté acceptable pour les employés africains et en quartiers délabrés où vit le reste de la population. Cet aménagement rappelle le monde colonial compartimenté que décrit Fanon et qui matérialise le mépris et la marginalisation des (dé)colonisés. Si le critère de la hiérarchisation de la société coloniale était le degré d'occidentalisation atteint par les indigènes, celui de la société gabonaise post-coloniale est l'appartenance à l'industrie pétrolière. Il y a ensuite la dénomination des places et des rues. S'approprier un espace, c'est l'aménager certes, mais c'est aussi le nommer. Les noms de rue, boulevard Elf-Gabon, avenue Charles-de-Gaulle, et les noms de cité, Général-Leclerc, Victor Hourcq, entre autres, montrent bien la mainmise de la compagnie pétrolière étrangère sur l'espace local. Lorsque les cités pétrolières prennent des noms locaux, ces derniers perdent leurs valeurs originelles au profit des significations tirées de l'histoire de la compagnie Elf. Namina, Akosso ou Matanda ne renvoient plus à des territoires gabonais, mais à des forages représentant chacun un moment décisif de la vie de l'entreprise pétrolière.

Cette description des lieux s'accompagne d'une métaphore digestive qui place le siège social d'Elf Gabon, lieu de travail des cadres expatriés riches, dans le grand estomac et le camp Roger-Buttin, secteur d'habitation des employés africains, dans les intestins. La métaphore évoque l'appétit vorace des compagnies pétrolières au regard de la portion congrue de la richesse qu'elles laissent aux autochtones. Mais elle renvoie aussi au fait qu'elles affament ces autochtones en les empêchant de mettre en valeur leur milieu conformément à leur culture. Non seulement l'activité artisanale de la pêche est interdite pendant les forages, mais aussi elle devient peu rentable à cause de la déstabilisation de l'écosystème aux alentours des plates-formes. Tenues à l'écart des profits du pétrole et incapables de subvenir à leurs besoins alimentaires, les populations locales connaissent la misère au cœur de l'abondance. Le paradoxe ainsi illustré alimente les récriminations des populations locales contre les exploitants pétroliers. Si l'engagement patriotique visait à déloger le colon à l'époque de la colonisation, dans la société postcoloniale que décrit Bessora, son objectif majeur est d'expulser les compagnies pétrolières. L'enjeu écologique trouve dans le nationalisme un argument supplémentaire pour rallier des adeptes. Cela explique pourquoi la direction d'Elf Gabon et leurs enquêteurs suspectent d'abord les employés gabonais, en l'occurrence le cuisinier Jason, lorsqu'une explosion survient sur la plate-forme Ocean Liberator.

Croyances locales et sacralisation de la nature

Les employés africains, par contre, interprètent cet accident comme une manifestation de la colère des entités non-humaines qui siègent dans la nature et dont la tranquillité est mise à rude épreuve par les infrastructures des pétroliers. En réalité, en plus d'user des techniques d'écriture et des idéologies nationalistes pour attribuer une valeur symbolique à l'environnement, le roman de Bessora recourt aussi aux pratiques culturelles locales pour le sacraliser, à tel point qu'aux yeux des populations autochtones, chaque activité liée au pétrole, de la prospection à l'extraction et au transport, relève d'une forme de profanation. James William Gibson rappelle qu'avant l'expansion des religions monothéistes, la nature constituait la source et le moyen d'expression des croyances religieuses pour la plupart des cultures et que, malgré le mépris que peut susciter un tel sentiment religieux aujourd'hui, certains écosystèmes naturels s'entourent encore d'un sens de mystère dans l'esprit des individus ou dans la conscience collective des communautés culturelles. Il devient donc aisé de transformer un lac, une forêt ou une rivière en lieu saint en ravivant le sentiment religieux latent qui incite même les plus antireligieux à s'extasier devant le charme ou la grandeur de la nature[23]. Bessora exploite cette religiosité potentielle de la nature en s'inspirant des croyances et pratiques animistes des habitants des

---

[23] James William Gibson, *op. cit.*, p. 133.

zones forestières d'Afrique centrale pour construire un cadre normatif en référence auquel se juge toute action sur l'environnement non-humain.

En plus de postuler l'existence des génies, entités surnaturelles maléfiques ou bienfaisantes suivant les circonstances et maîtresses absolues de l'élément naturel qu'elles habitent, ce qui tient lieu de culture locale dans *Petroleum* conçoit aussi la mort comme un passage de l'état d'être de chair à celui d'esprit. Ces esprits élisent domicile dans la nature et « vivent » en communion avec les vivants de la communauté dont ils influencent l'existence positivement ou négativement. L'environnement entier devient un vaste autel pour toutes sortes de dieux prompts à maudire ou à bénir, ce qui dicte aux populations locales leur pratique écologique. L'intrusion fracassante des compagnies pétrolières dans un tel cadre installe les autochtones dans la psychose du malheur, car contrairement à eux, les nouveaux venus qui perçoivent uniquement la réalité matérielle de l'environnement ne manqueront pas de provoquer la colère des esprits de la nature par leur conduite profanatoire. Aussi les morts et les disparitions en forêt sont-elles interprétées comme la revanche des ancêtres contre les importuns qui leur ont manqué de respect. C'est ce qui arrive au géologue qui, au mépris des mises en garde de son guide gabonais, ordonne l'abattage d'un vénérable arbre abritant les esprits des ancêtres :

> Il a ouvert les yeux. Devant lui un nuage de poussière se dissipait peu à peu. L'arbre était intact. Les hôtes de ses branches le regardaient en souriant. Le géologue et ses nègres avaient tous disparu. […] Un vieux sorcier appelé Isanya a interrogé des reliques qui ont révélé par sa bouche ce qui était advenu : l'arbre furieux s'était extrait de la terre pour engloutir les profanateurs dans le gouffre laissé par ses racines. Ils étaient tombés dans le trou sans fond, puis l'arbre s'était replanté sur eux, ensevelissant

prospecteurs et indigènes. Leur sang avait lavé l'affront fait aux esprits, leurs cris avaient apaisé le courroux du vieil arbre.[24]

Pareillement, les incidents qui surviennent dans la mer sont attribués à Mamiwata, la déesse des eaux qui ne tolère pas d'intrusion dans son univers. Pour Louise, la prêtresse de Mamiwata, l'explosion de l'Ocean Liberator montre que la divinité des fleuves n'a pas été suffisamment compensée pour les dommages causés à son habitat par les compagnies de pétrole. Ces dernières rentrent du reste dans les mythes locaux comme des possédées d'*Evu*, l'esprit maléfique du chaos « qui réduit l'esprit des hommes en esclavage[25] ». Au prisme de la culture locale, le discours pétro-critique devient allégorique, l'entreprise pétrolière ayant pris la forme d'un esprit du mal à exorciser. L'allégorie traduit en langage du terroir le risque écologique que représentent les compagnies pétrolières par leurs capacités destructrices et par leur mépris des lois naturelles. L'indigénisation du concept de risque environnemental permet alors aux populations locales d'associer le pétrole, cet « excrément du diable[26] », à la stérilité de leurs terres, à la pollution de leur environnement et à la « mort » des villages comme *Ntchengué*. La stratégie discursive que la romancière déploie ainsi rappelle ce qu'Elisabeth Isichei nomme « poetics of memory » et qui consiste, pour les sociétés africaines, à réinventer leur histoire et leurs traditions, à travers des récits mythiques ou symboliques, pour faire face aux situations contemporaines provoquées par leur confrontation avec le système capitaliste global. Généralement, le but de l'allégorie dans de telle circonstance est de réveiller la conscience collective du sacré et des interdits afin d'empêcher que l'attrait du pouvoir et des richesses matérielles ne mène au mépris des valeurs humaines/humanistes[27].

---

[24] Bessora, *op.cit.*, p. 62.
[25] Bessora, *op. cit.*, p. 309.
[26] Bessora, *op. cit.*, p. 277.
[27] Voir Elisabeth Isichei, *Voices of the poor in Africa*, Rochester, University of Rochester Press, 2002, p. 30.

Dans le roman de Bessora, le discours mythique réhabilite la sacralité de la nature en même temps qu'il rend sacrilège toute implication dans l'aventure pétrolière. Il débouche par conséquent sur une éthique pratique de la nature, dès lors que les nombreux rituels entrepris pour conjurer l'esprit malin du pétrole, tout en montrant le fossé entre la conception de l'environnement des exploitants de « l'huile de pierre » et celle des populations locales, esquissent les principes majeurs d'un mode de vie plus respectueuse de l'environnement. La présence de Jason sur l'*Ocean Liberator* revête à ce sujet une grande importance. Sa fonction officielle de cuistot est en fait une couverture grâce à laquelle il infiltre le monde du pétrole afin d'accomplir la mission de sauvegarde de l'environnement que lui a confiée Louise, sa mère adoptive. Il a reçu de cette dernière des graines de courge ou « semences de sorcier » destinées à apaiser les génies aquatiques mises en colère par les instruments d'extraction du pétrole. La nature est généreuse, il est vrai, mais elle doit être nourrie pour pouvoir, en retour, approvisionner les hommes ainsi que l'indique la voix de la mer : « Tu n'as pas le droit de prendre le poisson sans avoir d'abord nourri les génies des eaux.[28] » Il en est ainsi des arbres et des animaux de la forêt qui exigent des hommes qui les exploitent des gestes de gratitude. Or les compagnies pétrolières sont arrogantes et sans égard pour tous ces espaces qui, à leurs yeux, n'ont qu'une valeur économique. La décision de Louise de pallier l'irresponsabilité de ces industriels est motivée par le profond sentiment de culpabilité qui l'habite, ses parents ayant activement contribué à l'activité destructrice de la nature en tant que charpentier (Paulin), guide des forestiers (son oncle Zéphirin) ou géologue (son père). Elle devient donc prêtresse de Mamiwata, protectrice des eaux, et, en collaboration avec le pygmée Isanya, sorcier protecteur de la forêt, elle prépare des offrandes que Jason se charge de répandre aux génies. Cette entente mystérieuse entre l'humain et le non-humain rappelle par plusieurs de ses aspects le contrat naturel que Michel

---

[28] Bessora, *op. cit.*, p. 253.

Serres propose comme moyen de lutte contre la crise écologique globale[29]. À travers les mythes, la nature devient sujet de droit et, par la voix des prêtres comme Isanya et Louise, elle dénonce le statut parasitaire des hommes qui abusent de sa générosité. Les incidents mortels qui surviennent dans le roman illustrent bien les désavantages de ce rapport parasitaire qui détruit aussi bien l'homme que l'environnement et incitent à adhérer au pacte égalitaire, au principe de réciprocité ou de symbiose, que les mythes professent.

En conclusion, les questions postcoloniales, loin de contrarier l'engagement écologique, le complètent et le vulgarisent en l'arrimant aux préoccupations concrètes des populations locales. Dans le roman de Bessora, cette conjonction du postcolonial et de l'écologique s'obtient par le ré-enchantement de la nature, un processus socioculturel au bout duquel l'environnement s'enrichit de valeurs symboliques qui appellent à plus de circonspection. Par une écriture habile qui entremêle idées révolutionnaires, histoire politique et mythes, Bessora fait de la nature, simultanément, un enjeu de la fierté nationale menacée et le temple profané des divinités locales, donnant ainsi au discours écologique une prise sur les réalités locales. Par ailleurs le recours à la métaphore et à l'allégorique permet de relire dans une perspective locale les concepts abstraits du risque environnemental. La pétro-critique s'inscrit alors dans le quotidien postcolonial à travers un double processus : d'une part, l'aversion envers l'industrie du pétrole assimilé au génie du chaos, d'autre part l'adoption d'un mode de vie fondé sur la réciprocité entre la nature et la société, de manière à éviter les représailles que provoquerait l'intrusion profanatoire des exploitants du pétrole.

Références

Bessora, *Petroleum*, Paris, Denoël, 2004.

---

[29] Voir Michel Serres, *op. cit.*, p. 67.

Curtin, Deane, *Environmental ethics for a postcolonial world*, Lanham, Rowman & Littlefield Publishers, 2005.

Duban, François, *L'écologisme aux États-Unis : histoire et aspects contemporains de l'environnementalisme américain*, Paris, L'Harmattan, 2000.

Fanon, Frantz, *Les damnés de la terre*, Paris, La Découverte, 2002.

Gibson, James William, *A reenchanted world. The quest for a new kinship with nature*, New York, Metropolitan Books, 2009.

Huggan, Graham, « Postcolonial Ecocriticism and the limits of Green Romanticism », *Journal of Postcolonial Writing*, 45(1), 2009, pp. 3-14.

Isichei, Elisabeth, *Voices of the poor in Africa*, Rochester, University of Rochester Press, 2002.

Moscovici, Serge, *De la nature. Pour penser l'écologie*, Paris, Métailié, 2002.

Nixxon, Rob, *Slow violence and the environmentalism of the poor*, Cambridge, Massachusetts, Harvard University Press, 2011.

Serres, Michel, *Le contrat naturel*, Paris, Flammarion, 1992.

Taleb, Mohammed, "Le réenchantement de notre rapport au monde: une valeur centrale de l'éthique subversive de l'éducation relative à l'environnement", *Revue Éducation relative à l'environnement*, vol. 8, 2009, p. 75-89.

www.ingramcontent.com/pod-product-compliance
Lightning Source LLC
Chambersburg PA
CBHW022227010526
44113CB00033B/642